칭찬 꾸중 격려

3박자의 힘

칭찬 꾸중 격려 3박자의 힘

지은이 · 조무아 | **펴낸이** · 오광수, 진성옥 | **펴낸곳** · 주변인의길
편집 · 김창숙, 박희진 | **마케팅** · 최대현, 김진용
주소 · 서울시 마포구 토정로 222 B동 1층 108호
TEL · (02) 3275-1339 | **FAX** · (02) 3275-1340

jinsungok@empal.com

초판 1쇄 인쇄일 · 2014년 7월 25일 | **초판 1쇄 발행일** · 2014년 7월 30일

ⓒ 주변인의길
ISBN 978—89—93536—40—9 (03370)

칭찬
꾸중
격려
3박자의 힘

조무아 지음

주변인의길

서문

"선생님은 강의하는 것보다 책을 쓰세요."

"왜 그렇게 생각하세요?"

"강의로 만날 수 있는 사람은 제한적이잖아요. 책으로 더 많은 사람을 만나서 선생님의 '노하우'를 전해야 돼요."

"고맙습니다. 칭찬으로 듣겠습니다. 그런데 어떡하죠? 제 책은 강의를 하고 사람들을 만나야 나올 수 있는데."

"아! 그렇군요."

몇 권의 책을 쓰는 과정에서 오랫동안 알아온, 사회교육에 종사하는 한 분과 나눈 대화다.

지난 25년 간 나를 필요로 하는 사람들이 있었기에 지금까지 멈추지 않고 가르치면서 오히려 배우는 기회를 얻었다고 생각한다.

이 책을 통해서 만나게 될 부모들 한 사람 한 사람에게 인사드리고 좋은 부모가 되려는 노력에 격려를 보낸다.

복잡한 현대사회를 살아가는 부모는 아이가 건강하게 살아가도록 하기 위해서 상담자로서의 부모역할까지 감당해야 하고, 부모가 상담자로서의 역할을 하려면 아이의 마음 건강을 챙겨야 한다. 마음에 상처가 있는지 살피고 상처가 있다면 잘 회복하도록 도와야 한다. 그러기 위해서 일상적인 칭찬, 꾸중을 효과적으로 해야 하고, 아이에게 용기와 의욕을 북돋아 줄 수 있는 격려를 충분히 할 필요가 있다.

이 책의 많은 내용은 부모를 위한 교육을 담당하면서 만난 엄마들의 구체적인 실제사례로 이루어져 있다. 엄마들이 하루하루의 일상 속에서 부딪치는 아이들과의 힘들고 어려운 일들은 내 이야기일 수도 있는 우리 아이들의 이야기이다. 너와 내가 똑같은 경험을 할 수는 없지만 비슷한 경험은 할 수 있다. 열심히 공부해서 성공적인 사례를 만든 지혜로운 엄마들의 경험을 참고하고 상황에 적용해서 독자의 경험으로 만들기 바란다.

아이들은 잘 클 준비가 되어 있고 잘 크고 싶어 한다. 부모가 잘 도와주면 된다. 부모는 완벽한 존재가 아니고 문제해결사도 아니다. 단지 부모의 의식이 조금만 바뀌고 행동이 조금만 달라져도 아이들은 행복해 한다.

사례를 제공해 준 한 사람 한 사람의 공부하던 모습과 표정을 떠올리면서 감사하는 마음으로 이 책을 썼다. 지도자로서의 최고의 보람은 청출어람(靑出於藍)의 제자를 만나는 일이라고 생각한다. 그런 의미에서 지금까지의 나의 역할이 새삼 보람 있게 느껴진다.

　끝으로 나의 일을 지지하고 믿어 준 가족에게 사랑과 감사를 전한다.

2014년 7월

香泉 趙茂娥

칭찬꾸중격려 3박자의 힘

칭찬 꾸중 격려
3박자의 힘.

제1장

질이 좋은 칭찬으로
아이에게 자신감을 갖게 하자

이 책의 전체적인 내용은 좋은 부모가 되기 위해 공부하는 엄마들의 이야기를 바탕으로 하고 있다. 이 장에서는, 아이가 엄마를 기쁘게 하거나 칭찬받을 행동을 했을 때 어떻게 칭찬하는 것이 적절한가에 초점을 맞추었다. 엄마 기준에서 하는 평가적인 칭찬과 진정한 격려가 되는 칭찬은 다르다.

아이 행동을 받아들이는 엄마의 태도가 중요하다

형민이는 초등학교 2학년생이다. 운동을 좋아하고 성격이 명랑하고 긍정적이어서 친구가 많다. 형민이 엄마는 성격이 좀 급한 편이고 다혈질이어서 아이에게 가끔 소리를 지르기도 하고 혼내는 경우도 있지만 애정표현을 잘해서 아이와의 관계는 좋은 편이다.

아이는 매주 수요일, 축구수업에 참가하고 있었다. 오후 다섯 시에 시작해서 일곱 시쯤이면 집으로 돌아온다.

그런데 10월의 어느 날, 일곱 시 30분이 지나도 아이는 집에 오지 않았다. 중학교 교사인 엄마는 퇴근 후 일찍 저녁식사를 하고 쉴 생각이었다.

아이를 기다리면서 엄마는 걱정도 되고 나가서 찾을 생각을 하니 귀찮기도 해서 화가 좀 났다. 그때 현관문 번호를 누르는 소리가 들렸다. 순간 화가 난 대로 혼내주려다가 요즘 공부했던, 아이와의 의사소통 방법이 떠올랐다. 잠깐 생각해보고 아이를 살폈다. 거실로 들어오는 아이 얼굴은 늦게 들어온 것이 마음에 걸렸는지 겁먹은 듯한 표정이었고 옷은 꼬질꼬질한 게 길거리를 헤매다 온 듯했다. 엄마와 눈이 마주치자 아이는 늦은 이유를 나름대로 설명하느라 횡설수설하더니 엉엉 울음을 터뜨렸다.

지난 일요일에 태권도 학원에서 열린 축구시합에서 MVP상으로 받은 새 축구공을 잃어버렸는데 그걸 찾느라고 늦었다는 것이다.

이미 아이의 말을 잘 듣기로 마음먹은 엄마가 말했다.

"축구공을 잃어버려서 속상했구나."

"네, 놀다 온 거 아니에요."

"놀다가 늦게 왔다고 엄마한테 혼날까 봐 걱정한 거야?"

"네. 깜깜한 데서 저 혼자 공을 찾았어요. 그리고 제가 잃어버린 게 아니에요. 정훈이가 잃어버렸어요. 근데 공을 찾다 보니까 다른 애들은 그냥 다 집에 가버렸어요."

"깜깜한 데서 혼자 무서웠겠네. 정훈이가 잃어버린 건데 우리 형민이가 혼자 찾느라고 고생 많이 했겠구나."

"맞아요. 얼마나 무서웠다구요."

엄마가 자기의 마음을 알아준다는 생각에 아이는 눈에 눈물이 맺힌 채로 밝게 웃으면서 공을 잃어버리게 된 자초지종을 차분하게 설명했다. 아이의 태도가 밝게 변한 것이 신기하여 엄마도 덩달아 기분이 좋아졌다. 게다가 아이는 새 축구공을 잃어버렸는데도 덜 아쉬워했고 헌 공이 있으니까 다행이라고 했다. 아이의 태도가 기특해서 주말에 조금 싼 걸로 비슷한 새 공을 사주겠다고 했다. 그리고 그날 밤, 아이는 축구하느라 공을 찾느라 피곤했을 텐데도 제일 싫어하는 영어책을 열심히 잘 읽어서 엄마의 마음을 기쁘게 해줬다.

"형민아! 오늘은 영어책을 재미있게 잘 읽어서 엄마 마음이 아주 흐뭇해."

엄마의 칭찬으로 모자는 하루를 마감했다.

●엄마의 기쁜 마음을 지체하지 말고 즉시 전달하자

미국 초대 대통령 조지 워싱턴은 "내가 인생에서 거둔 성공은 어머니에게서 받은 도덕적 · 지적 · 육체적 교육 덕분이다"라고 말했다. 이는 아이들에게 끼치는 어머니의 영향이 얼마나 큰가를 알려주는 말이기도 하다. 어머니 역할의 중요성은 아무리 강조해도 지나치지 않는다.

부모들은 아이를 키우면서 '적절한 의사소통'에 어려움을 느낄 때가 많다. 특히 화가 치밀면 당초 의도보다 더 심하게 표현한다. 화를 참지 못하고 쏟아낸 말의 후유증은 부모의 예상보다 훨씬 심각할 수 있다. 그러하기에 화가 나는 상황에서 잠깐 멈추고 생각할 수 있는 여유를 갖는 것은 부모의 중요한 덕목 중 하나다.

형민이 엄마가 참 잘한 점은 화가 난 상황에서 바로 혼내지 않고 자신의 태도를 점검하고 아이를 살핀 점이다. 그리고 아이의 말에 귀기울이고 잘 들어준 점이다.

엄마가 아이를 도와주면 아이도 엄마를 도와주고 싶어한다. 형민이는 엄마에 대한 고마움을 엄마가 좋아하는 행동으로 표현했다. 자신이 싫어하는 영어책을 열심히 잘 읽어서 엄마 마음을 기쁘게 한 것이다.

　형민이 엄마가 또 한 가지 잘한 점은 자신의 기쁜 마음을 즉시 적절한 말로 표현한 점이다. "형민아! 오늘은 영어책을 재미있게 잘 읽어서 엄마 마음이 아주 흐뭇해"라고.

02 다음에도
혼자 이렇게 준비할게요

엄마는 늘 하는 것처럼 작은아이를 목욕시킨 후 큰아이를 씻기려고 찾았다. 그런데 일곱 살인 큰애 지석이는 옷까지 벗은 채 목욕탕 욕조 안에서 씻을 준비를 하고 있었다.

"지석이가 혼자 준비하고 목욕탕에 들어와서 고마워. 엄마가 지석이 씻어주는 일이 훨씬 쉬울 것 같아."

엄마의 칭찬에 기분이 좋아진 아이가 말했다.

"엄마, 나 다음에도 혼자 이렇게 준비할 거야."

"그래. 지석이가 엄마를 도와주려고 하니까 엄마는 기분이 참 좋다."

기분 좋고 상쾌하게 목욕을 끝낸 후 엄마는 아이에게 집안 사정을 이야기했다. 그동안 집안 일 도우미로 오던 분이 사정이 있어서 일주일간 못 오게 되어 있었다.

"지석아. 내일부터 일주일 동안은 아줌마가 못 오셔. 그래서 엄마가 할 일이 아주 많아진단다. 청소, 설거지, 세탁, 엄마는 걱정이 돼."

"그럼, 나 엄마 청소하는 것 도와줄 거야."

"정말? 고마워. 지석이가 도와준다니까 힘이 막 솟아나네. 일주일 동안 지석이 덕분에 엄마 일이 잘될 것 같은데."

● 칭찬은 좋은 행동을 강화하도록 하는 데 효과적이다

다음은 나폴레옹에 관한 일화다. 나폴레옹은 칭찬받기를 싫어하는 사람으로 알려져 있었다.

어느 날 부하 한 명이 "저는 각하를 대단히 존경합니다. 그것은 각하의 칭찬을 싫어하는 그 성품이 마음에 들기 때문입니다" 라고 했다. 이 말을 들은 나폴레옹은 몹시 흐뭇해했다고 한다.

이는 칭찬을 싫어하는 그 성품이 마음에 들었다는 말 자체가 칭찬을 의미하기 때문이었다. 결국 나폴레옹도 칭찬에는 약한 인간이었음을 입증한 것이다.

찰스 스왑은 카네기 철강회사에 잡부로 들어가 '유에스 스틸 컴퍼니'의 사장 자리에 오른 사람이다. 그는 자신의 성공비결에 대해 다음과 같은 글을 남겼다.

"나에게는 사람들의 열정을 일깨우는 능력이 있는 듯하다. 이는 내가 소유하고 있는 가장 큰 재산이다. 사람들의 열정을 불러일으키는 가장 좋은 길은 '격려와 칭찬'이다. 상사에게 꾸지람을 듣는 것만큼 향상심을 해치는 것이 없다. 나는 결코 누구도 비판하지 않는다. 비판 대신 사람들의 동기를 북돋워야 한다고 믿는다. 그래서 나는 사람들을 칭찬하려고 노력하고 결점을 들추어내는 것을 싫어한다. 그리고 그 사람이 한 일이 마음에 들면 진심으로 찬사를 보내고 아낌없이 칭찬한다. 사업 관계로 세계 각국의 훌륭한 사람들을 많이 만났는데, 아무리 지위가 높은 사람일지라도 비판의 소리를 듣고 일하면 능률이 떨어짐을 알게 되었다. 일반적으로 사람들은 칭찬을 들으며 일할 때 훨씬 더 잘하고 더 많은 노력을 기울였다.”

중·고등학생을 대상으로 한 어느 설문조사에서 ‘부모님이 좋을 때’ 1위는 칭찬, 격려를 받을 때였고, 2위는 용돈을 줄 때였다. 반면, ‘부모님이 싫을 때’ 1위는 간섭, 잔소리, 짜증을 냈을 때였다.

루소는 『에밀』에서 ‘한 포기의 풀이 성장하려면 따뜻한 햇볕이 필요하듯 한 인간이 건전한 사람이 되려면 칭찬이라는 햇볕이 필요하다”고 했다.

칭찬이라는 햇볕으로 아이를 푸르게, 튼튼하게 자라게 해서 자신감을 가진 아이로 키우자.

지석이 엄마는 때를 놓치지 않고 아이에게 적절한 칭찬을 했다. 아이의 좋은 행동을 구체적으로 얘기하고 엄마 마음을 개방해서 아이에게 알려줬다. 이러한 칭찬의 효과는 아이의 좋은 행동을 더욱 강화시킨다. “엄마, 나 다음에도 혼자 이렇게 준비할 거야”라는 말이 아이 입에서 저절로 나오지 않았는가.

03 숨도 쉬기 힘들었던 날들이 지나가고
이제는 숨이 쉬어진다

여섯 살 선영이와 20개월 된 선주 자매의 이야기다.

선영이는 어려서부터 유난히 책을 아꼈다. 그래서 찢거나 망가뜨리는 것을 본 적이 없었는데 선주는 곧잘 책을 찢었다. 그때마다 선영이는 자기 책을 찢었다고 난리가 났다.

어느 날, 벽에 붙여 놓은 숫자 한글그림 종이판을 둘째가 북북 찢고 있었다. 그때 선영이와 엄마는 함께 보고 있었는데 엄마는 또 큰애가 난리를 쳐 전쟁이 시작될 것 같아 걱정스러웠다. 선주가 찢었으니 선영이가 또 소리를 지르며 난리를 칠 테고 그러면 선주는 앙앙 소리 높여 울겠지라는 예상이 짧은 순간 머리를 스쳤다. 그런데 의외의 일이 생겼다. 큰애가 작은애 옆으로 다가가더니 조용하고 나지막한 목소리로 "선주야, 이거 찢었어? 찢고 싶었어? 그랬구나. 그래도 찢으면 안 되는데. 이거 찢으면 우리가 제대로 볼 수 없잖아. 그리고 엄마가 테이

프로 붙여야 하잖아. 그러면 엄마가 힘들잖아"라고 말하면서 동생을 타이르고 있었다. 엄마는 저녁식사 준비로 한참 바쁜 시간이었는데 큰아이의 변화된 태도 덕분에 그 사건은 조용히 지나칠 수 있었다.

엄마는 잠깐 하던 일을 멈추고 큰아이와 눈을 맞추면서 진지하게 말했다.

"선영아, 너 정말 멋지다. 엄마는 선영이가 정말 대견해."

그랬더니 선영이는 "뭐가, 엄마?"라며 별 일 아니라는 표정으로 말했다.

"선영이가 동생한테 소리 안 지르고 때리지도 않고 조용히 타일러서 엄마가 놀랐어. 그래서 동생이 울지도 않았잖아. 엄마는 정말 행복해."

큰아이가 어렸을 때는 아이의 마음을 읽어준 일이 없었다. 아이의 잘못은 가르쳐야 한다는 생각에 꾸중부터 했고, 화가 나면 손이 먼저 올라갔다. 지금도 완전히 바뀐 것이 아니지만 잠깐 생각하고 쉬어 갈 수 있는 여유가 생겼다. 부모역할 공부를 시작한 후 아이의 마음을 읽기 시작했고, 아이의 말에 "그랬구나, 그랬었구나"를 습관처럼 입에 올리려고 한 덕에 큰아이가 변했고 오늘의 성공이 있었던 것이다.

아이의 마음을 읽어주면 때로는 닭똥 같은 눈물이 끝도 없이 이어지기도 한다. 요즘 아이는 다 울고 나서 엄마에게 말한다.

"엄마도 속상했지?"

두 아이를 키우면서 숨도 쉬기 힘들었던 날들이 지나가고 희망이 보이는 것 같아 이제는 숨이 쉬어진다.

아이의 마음을 잘 읽어주는 방법은 '반영적 경청', '적극적 경청', 또는 '깊이 듣는 대화'라고 한다. 이러한 방법은 우선 아이 말에 귀기울여 잘 들어주는 연습을 충분히 한 후에나 습득이 가능한 전문적인 기법이다.

남의 말을 잘 듣는 것은 내가 말하는 것보다 힘든 일이다. 그 괴로움을 참고 마음과 눈까지 동원해 진지하게 귀기울이면 상대방의 마음을 얻을 수 있다. 누군가를 설득하는 가장 좋은 방법은 그 사람 말을 귀담아 듣는 것이다.

선영, 선주의 엄마는 '그랬구나', '그랬었구나'를 습관처럼 입에 올린다고 했다. 이는 아이 말을 열심히 들었다는 신호를 보내는 것이다.

이렇게 아이 말을 잘 듣고 아이를 인정하는 반응을 보내는 것을 '수동적 경청', '소극적 경청'이라고 한다. 듣는 사람은 별 말을 하지 않기 때문에 '침묵의 대화'라고도 한다. 그외 인정하는 반응을 보이기 위해서 '그래', '응', '그랬어', '아', '오' 등으로 말할 수 있고, 비언어적 반응으로 눈을 맞추거나 웃어주기, 고개 끄덕이기 등을 할 수 있다.

아이의 말에 관심을 갖고 주의를 기울여 들어주면서 이러한 반응을 보이면 좋은 경청이 된다. 선영이나 선주 같은 유아기의 아이에게는 엄마의 작은 노력으로도 큰 효과를 거둘 수 있다.

엄마가 "동생에게 소리 안 지르고 때리지도 않고 조용히 타일러서 엄마가 놀랐어. 그래서 동생이 울지도 않고. 엄마는 정말 행복해"라고 한 말은 질적으로 우수하다. 아이가 잘한 행동에 대해 구체적으로 짚어주었고 엄마의 기쁜 마음까지 아이에게 알려주었기 때문이다.

04 배 안 고픈데 왜 밥 먹어야 돼?

유치원에 다니는 일곱 살 윤석이는 아침밥을 먹을 때면 항상 엄마와 실랑이를 벌였다. 밥이 먹고 싶지 않은 아이는 엄마에게 불평했다.

"배 안 고픈데 왜 먹어야 돼?"

그러나 엄마는 밥을 전혀 먹이지 않고서는 유치원에 보낼 수 없었다. 어떻게 해서든 먹여 보내려는 마음에 아이를 타이르기도 하고 윽박지르기도 했다. 그러면 아이는 자신의 건강을 위해서 밥을 먹는 것이 아니라 엄마를 위해서 마지못해 밥을 먹어주는 상황이 되었다.

어느 날 지금까지의 방법에 문제가 있다는 것을 알게 된 엄마는 태도를 바꾸기로 했다. 평소처럼 불평으로 아이의 아침식사는 시작되었다. 예전 같았으면 "그래도 먹어야 돼, 안 그럼 나중에 배고프니까. 조금만 먹자"라고 하던 엄마가 오늘은 다르게 말했다.

"윤석이 배 안 고파서 밥 먹기 싫다고?"

일단 아이의 마음을 받아들이는 말을 했다. 그랬더니 아이는 대뜸 "응" 한다.

"아, 그렇구나. 그럼 지금 배 안 고프니까 먹기 싫겠네?"

엄마는 마음의 여유를 갖고 아이의 반응을 살폈다. 아이는 잠깐 생각을 하더니 "엄마! 지금은 배 안 고픈데 유치원 가면 배고프겠다, 그치?"라며 기특하게도 엄마가 해주고 싶은 말을 아이가 먼저 하는 게 아닌가.

"그래. 좀 있으면 아마도 배가 고파지겠지."

"그러면 엄마, 밥 조금만 먹을게."

엄마와 실랑이를 벌이지 않고 아이는 스스로 밥을 먹기로 결정했다.

"엄마, 그런데 내가 좋아하는 반찬 있어?"

"그럼, 김이랑 깻잎도 있어."

아이는 좋아하는 깻잎을 자기 손으로 먹었고 조금만 먹겠다고 했지만 엄마가 만족할 만큼 충분한 양을 먹었다. 기분이 좋은 엄마는 아이를 칭찬했다.

"우리 윤석이 밥 잘 먹어서 엄마는 정말 기쁘다. 앞으로 키도 많이 크고 알통도 많이 크겠는걸."

● 스스로 알아서 좋은 행동을 했을 때 놓치지 말고 칭찬하자

얼마 전 뉴스에 소개된 부모의 자녀학대에 관한 연구내용이다. 신체적 학대를 받으면 자살 위험이 1.8배 높아지고 성적性的 학대는 두 배, 정서적 학대는 3.6배 높아진다고 한다. 학대라고 하면 흔히 신체적, 성적 학대를 떠올리게 되는데 정서적 학대가 훨씬 더 위험하다는 사실이 밝혀진 것이다.

정서적 학대는 크게 위험하다는 의식 없이 일상적으로 부모에 의해 행해지고 있기 때문에 더 큰 문제일 수 있고 부모의 통제, 지시가 그 바탕이라고 했다. 자녀에게 기대가 크고 욕심이 많은 부모의 문제점이라고 할 수 있다.

부모가 자녀에게 갖는 욕심 중에서도 잘 먹이고 싶은 욕심은 버리기가 쉽지 않다. 아이를 건강하게 키우고 싶은 마음은 잘못이 아니다. 그런데 먹기 싫어하는 아이에게 먹으라고 강요하고 먹는 양이나 종류를 부모 마음대로 통제하는 것은 잘못이다. 아이를 사랑한다는 이유로, 부모라는 이유로 아이를 부모 마음대로 해서는 안 되는 것과 같은 이치다.

윤석이 엄마는 자신의 방법에 문제가 있음을 알고 지혜롭게 변해갔다. 엄마가 먼저 변해야 아이가 변한다. 그런데 변화는 불편하고 번거롭고 부자연스럽다. 하지만 발전하고 성장하기 위해서는 변화를 시도해야 한다. 사람은 변화를 통해서 성장하고 발전할 수 있기 때문이다.

엄마가 윤석이에게 한 "우리 윤석이 밥 잘 먹어서 엄마는 정말 기쁘다. 앞으로 키도 많이 크고 알통도 많이 크겠는걸"은 매우 적절한 칭찬이다. 아이가 좋은 행동을 했을 때는 확실하게 칭찬을 해야 한다. 그리고 아이의 행동으로 얻게 된 기쁜 감정을 표현한 것도 잘한 점이다.

엄마 자신의 감정을 표현하는 것은 아이에게 인간적으로 다가가는 효과가 있다. 모자간의 친밀한 관계 형성에 도움이 된다.

05 햄스터 대신 물고기 많이 키울래

일곱 살 승민이가 엄마에게 느닷없이 말했다.

"엄마, 나 집에서 쥐 키울래."

"응? 쥐? 아, 햄스터 말이니?"

"응. 햄스터 키우고 싶어."

"아, 승민이가 햄스터를 키우고 싶구나."

엄마가 아이의 마음을 읽어주자 아이의 욕구가 강해졌다.

"응, 엄마 제발요, 네?"

"그런데 어떻게 하지? 그러면 누군가 햄스터한테 밥도 주고 집 청소도 해주고 목욕도 시켜주고 해야 할 텐데?"

"엄마가 하면 되잖아."

"엄마가? 만약에 집에서 햄스터를 키우고 엄마가 그걸 돌봐줘야 한다면 집 안에 냄새가 너무 많이 나서 엄마 머리가 아플 거야. 그리고 엄마는 요리도 하고 우리 승민이랑 책도 읽어야 하는데 그럴 시간이 없어질까 걱정되는데."

엄마의 말을 듣고 아이는 잠시 생각하더니 "엄마! 그럼 우리 물고기 많이 키워"라고 했다.

"어머나, 좋은 생각이네. 그럼 지금 네 마리 있으니까 주말에 아빠랑 두 마리 더 사서 키울까?"

"응. 좋아 좋아."

엄마는 아이의 요구를 들어주기 곤란한 점을 설명하면서도 아이가 계속 주장하면 어떻게 하나 걱정했었다. 어떻게든 아이가 포기하도록 설득하려고 했는데 의외로 문제가 쉽게 해결된 것이다. 엄마는 아이 스스로 쉽게 대안을 제시해서 놀라웠고, 그래서 무척 기뻤다.

● 스스로 원하는 것을 말하도록 기회를 주고 말했을 때 칭찬하자

 유아기나 초등학교 저학년 정도의 아이들은 자신이 원하는 것을 엄마가 이해하고 알아주면 대체로 아이의 욕구가 강화된다.

"갖고 싶구나", "사고 싶구나", "하고 싶구나"와 같이 엄마가 대꾸해 주면 아이는 엄마가 자신이 원하는 것을 허용한다고 생각한다. 어린 아이들은 생각이 단순하고 순수하기 때문이다. 초등학교 고학년 이상이 되면 엄마의 말을 단순하게 받아들이지 않기 때문에 '…… 싶구나'가 허용하는 말과 다르다는 것을 대체로 알게 된다. 그래서 어린 아이라면 아이가 원하는 것을 받아들이기 곤란할 때 마음을 읽어주는 말

보다 곤란하다는 정직한 엄마의 마음을 전하는 것이 좋다. 해줄 수 없는 것을 해줄 수 있는 것으로 기대하게 만들면 아이도 실망하게 되고 엄마 입장도 더 곤란해진다.

승민이 엄마도 아이가 햄스터를 키우고 싶은 마음을 먼저 읽어주었기 때문에 아이의 욕구가 더 강해졌다. 아이가 원하는 것을 엄마 입장에서 받아들이고 싶지 않을 때 간단하게 '안 돼', '하지 마라'로 거부할 수도 있다. 그렇게 하면 아이는 자신이 원하는 것을 포기하고 엄마의 뜻에 따를 수도 있고 더 강하게 자신의 요구를 밀어붙여서 엄마로 하여금 포기할 수밖에 없도록 한다. 엄마, 아이 중에서 어느 쪽이든 포기할 수밖에 없을 때는 상대방에 대한 원망이 남기 때문에 좋은 관계를 손상시킬 수 있다. 그렇지만 의논할 시간적인 여유가 없거나 위험한 상황일 때 또는 다른 사람에게 피해를 끼치는 문제에서는 '안 돼', '하지 마라' 같은 거부의 표현을 쓸 수도 있다. 그리고 상황이 지난 후에 그럴 수밖에 없었던 이유를 잘 설명하여 아이가 이해하도록 돕는 것이 좋다.

06 동생한테는 부드럽게 말하고 나한테는 화만 냈어

　유치원에 다니는 딸 연수는 자주 토라지고 트집을 잡거나 화를 냈다. 엄마가 동생 희섭이만 예뻐한다는 게 이유였다. 사실 지금까지 엄마는 작은애를 더 예뻐하기도 했다. 엄마는 자신의 잘못을 깨닫고 딸아이의 마음을 풀어주기 위해 말했다.

　"연수는 엄마가 희섭이를 더 사랑한다고 생각해서 서운했지?"

　"응. 엄마는 희섭이한테만 예쁘게 말하고 희섭이만 자주 안아주고 그러잖아."

　"그랬구나. 그동안 우리 연수가 많이 섭섭했겠네."

　"엄마는 희섭이한테는 부드럽게 말하고 나한테는 화만 냈어. 그래서 난 엄마가 싫어."

　"엄마는 우리 연수 사랑하는데 엄마가 잘못해서 연수를 많이 화나게 했구나."

28

"정말? 엄마 나 사랑해?"

"그럼. 연수 많이 사랑하지. 연수가 엄마 사랑하는 것도 알아. 그런데도 엄마는 우리 연수 마음을 아프게 했네."

"엄마는 희섭이를 더 사랑하잖아."

"그렇게 생각했어? 엄마는 연수도 희섭이도 사랑해. 그런데 엄마가 희섭이보다 연수를 사랑한 시간이 더 많아. 연수는 엄마 첫째니까."

"그렇네."

"연수야, 엄마가 욕심이 많았나 봐. 연수가 뭐든 잘했으면 하는 생각 때문에 우리 연수에게 무리한 요구도 하고 연수를 힘들게 했어."

"……."

"엄마한테 섭섭한 거 있으면 이제부턴 언제든지 얘기해줘. 사랑해 우리 연수."

"응 그럴게."

엄마는 딸아이를 꼭 안아주면서 말했다.

"우리 연수랑 엄마랑 마음이 잘 통해서 좋구나."

이후로 모녀관계는 좋아지기 시작했다.

● 안아주는 등의 신체적 사랑표현은 말로 하는 것보다 강력하다

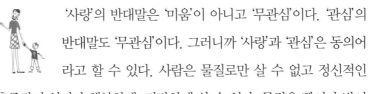

'사랑'의 반대말은 '미움'이 아니고 '무관심'이다. '관심'의 반대말도 '무관심'이다. 그러니까 '사랑'과 '관심'은 동의어라고 할 수 있다. 사람은 물질로만 살 수 없고 정신적인 충족감이 있어야 행복하게, 건강하게 살 수 있다. 물질을 빵이나 밥이

라고 한다면 정신적인 충족감은 사랑으로 채워진다. 엄마가 아이에게 사랑하는 마음으로 관심을 보이고 관심을 칭찬으로 표현한다면 엄마도 아이도 행복해질 것이다.

작은아이가 태어나면 큰아이는 어쩔 수 없이 엄마의 관심에서 멀어진다. 작은아이를 돌보느라 엄마가 큰아이에게 관심을 갖는 것이 벅찰 수도 있고 자연적인 내리사랑으로 작은아이가 더 예쁠 수도 있다. 그렇게 되면 큰아이는 연수처럼 토라지고 트집 잡고 화를 낸다. 그뿐 아니라 동생을 미워하고 괴롭히기도 한다. 큰아이 입장에서는 엄마의 사랑을 뺏긴 것이 억울하고 사랑을 뺏어간 동생이 미울 수 있다. 이럴 때 아이의 행동을 고치려고 하기보다 먼저 아이 마음을 헤아려주는 것이 효과적이다.

엄마에게 이해받았다는 생각이 들면 아이는 동생을 사랑할 마음의 여유를 갖게 된다.

07 나도 유모차 타고 갈래

엄마는 초등학교 1학년생인 영석이, 3년 8개월 된 강석이 그리고 21 개월 된 문석이 세 아이와 학교운동장에서 신나게 뛰어 논 뒤 해질녘, 집으로 돌아가고 있었다. 막내는 유모차에 타고 둘째는 스쿠터를 타고 큰애는 걸어갔다. 그런데 갑자기 둘째가 스쿠터를 버리고 유모차 의 발판에 올라타더니 자기도 유모차를 타겠다고 했다. 막내는 형을 자꾸 밀어냈고 엄마는 계속 유모차를 밀고 갔다. 드디어 둘째가 울음 을 터뜨렸다.

우는 아이에게 엄마가 말했다.

"강석이도 유모차 타고 싶구나?"

"응, 나 유모차 타고 갈래."

"강석이가 많이 뛰어 놀아서 힘든 모양이네. 편안하게 유모차 타고 가고 싶다고?"

"응, 엄마 나 힘들어."

"그런데 강석이가 계속 발판에 서서 타고 가면 가다가 떨어질까 봐 엄만 걱정이 돼."

막내는 엄마, 형 말에는 관심이 없는 듯 소리를 지르면서 형을 밀어 냈다. 엄마는 막내를 쳐다보며 말했다.

"문석아, 형아가 힘들어서 유모차를 타고 싶대. 문석이도 형아도 타고 싶으니까 엄마가 참 곤란하다."

엄마 말을 들은 막내는 유모차 벨트를 벗겠다는 몸짓을 하면서 혼자만 아는 유아 말로 웅얼웅얼했다. 엄마가 벨트를 벗겨주자 아이는 유모차에서 내려 앞에 가는 큰형을 따라 신나게 달려갔다. 엄마는 아이의 행동이 대견하고 고마워서 말했다.

"우리 문석이가 형아한테 양보했네. 엄마는 문석이가 참 고맙다. 강석이도 문석이한테 고맙다고 말할까?"

"싫어 엄마. 나 혼자 말하기 싫어."

동생에게 고맙다고 말하기가 쑥스러운 모양이었다.

"그럼 엄마랑 같이 말할까?"

"응."

"고마워 문석아!"

엄마랑 강석이가 함께 말했다. 문석이는 걸어가는 것이 더 신나는 듯 저만치 앞서 달려갔다.

● 아이는 가장 중요한 사람의 칭찬을 통해 자신의 가치를 높인다

 21개월 된 아이가 대견한 생각을 하고 엄마나 형을 돕는 행동을 했다. 아직 말을 잘 못하지만 듣고 이해하는 것은 할 수 있다. 엄마는 어린 아이를 한 사람의 인격체로 존중하고 대화를 했다. 그 결과 아이는 엄마의 어려움을 이해하고 엄마를 돕기 위해서 유모차에서 내려 큰형을 따라 걸어갔다.

이러한 엄마의 태도는 형제끼리 친밀하고, 서로 배려하는 관계를 만들 것이고 나아가 가족끼리 서로 끈끈한 유대감을 느끼게 할 것이다. 특히 동생에게 고맙다는 말을 하기 쑥스러워하는 아이를 도와서 엄마가 함께 "고마워 문석아!"라고 칭찬하는 말을 건넸을 때는 엄마의 사랑이 짙게 배어난다.

아이에게 가장 중요하게 인식되는 사람은 엄마다. 엄마의 칭찬은 가장 중요한 사람으로부터 받는 칭찬이기 때문에 아이는 자신의 가치를 높이 평가하게 되고 자신감을 키울 수 있을 것이다.

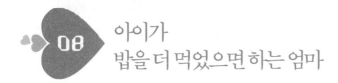

08 아이가 밥을 더 먹었으면 하는 엄마

초등학교 1학년생인 동수는 몹시 마른 체격으로 표준체중이 되지 않는다. 밥 먹기를 싫어할 뿐 아니라 먹는 속도가 너무 느린 것도 문제다. 아빠는 아이가 너무 말랐다며 종종 이디오피아 난민 같다고 한다. 게다가 아이가 마른 것이 엄마 탓이라고 해서 엄마는 속이 상했다.

어느 날 아침, 엄마는 아이가 먹을 빵에 땅콩 잼을 바르고 있었다.

그때 아이가 "엄마, 나 땅콩 잼 안 먹어. 딸기 잼 발라줘" 했다.

예전 같았으면 키가 작고 몸이 약한 아이에게 딸기 잼보다 단백질이 많은 땅콩 잼이 더 좋다고 생각했기에 "안 돼, 그냥 먹어" 하고 반강제로 먹였을 것이다. 하지만 그날은 아침부터 아이 마음을 상하게 하고 싶지 않았다. 그래서 마음을 한 번 진정시킨 뒤 아이에게 말했다.

"땅콩 잼이 싫은데 엄마가 발라주니까 안 먹고 싶구나?"

"응."

"그런데 딸기 잼보다 땅콩 잼이 영양이 더 풍부한데."

엄마는 금방 포기되지 않는 마음을 아이에게 전달했다. 그러자 아이는 자신이 더 건강해지기를 바라는 엄마의 간절한 마음을 읽었다는 듯 말했다.

"엄마, 그러면 한 쪽에는 땅콩 잼 다른 한 쪽에는 딸기 잼 발라줘."

"그래 좋아."

엄마는 아이의 제안을 흔쾌히 받아들였다. 아이는 거뜬히 빵 두 쪽을 먹었고 엄마도 만족스러웠다. 그리고 엄마는 기쁜 마음을 아이에게 고스란히 전했다.

"우리 동수가 먹고 싶은 딸기 잼이랑 엄마가 주고 싶은 땅콩 잼이랑 다 잘 먹어서 엄마 기분이 좋아. 우리 아들 고마워."

아이 얼굴에도 만족스런 웃음이 배어났다.

이제 엄마는 아이가 밥을 안 먹는다고 강제로 먹이거나 화를 내지 않는다. 아이와 대화를 하면서 아이 스스로 결정하도록 기다려준다. 가끔 아이가 밥을 먹지 않은 경우에도 그냥 받아들인다. 그리고 밥을 잘 먹을 때, 많이 먹을 때는 잊지 않고 칭찬을 해주려고 한다.

"동수가 밥을 맛있게 잘 먹으면 엄마는 참 행복해."

● 밥을 더 먹거나 잘 먹었을 때 칭찬하자

 흔히 칭찬과 꾸중의 비율을 7 : 1로 하라고 한다. 그렇지만 실제로 칭찬과 꾸중을 1:1의 비율로 하기도 쉬운 일이 아니다. 엄마 눈에는 잘못이 먼저 보인다. 잘한 것은 당연하다고 생각해서 그냥 넘기고 잘못은 아이를 위해서 꾸중해야 한다고 생각한다. 그러니 칭찬은 안 하게 되고 자꾸 꾸중만 놓치지 않고 하는 것이다.

아이들 행동은 꾸중으로 고치는 것보다 칭찬으로 고치면 더 효과적이다. 칭찬을 하면 좋은 행동이 강화되어서 부적절한 행동이 줄어들도록 하는 효과가 있다. 칭찬을 받으면 신나고 기분이 좋아지니까 다른 행동도 잘하고 싶은 마음이 생기게 마련이다. 엄마 기준으로 칭찬할 거리를 찾으면 칭찬하기가 쉽지 않다. 칭찬은 아이의 작은 변화나 약간의 노력에 대해서도 할 수 있고, 엄마가 싫어하는 행동을 하지 않았을 때도 할 수 있다.

예를 들어, 아침에 일곱 시부터 깨우면 일곱 시 반에 겨우 일어나는 아이가 어느 날 일곱 시 20분에 일어났다면 "오늘은 깨우는 시간이 십 분 줄었네. 십 분 동안 엄마 마음이 편했었어"라고 칭찬할 수 있고, "겨우 십 분 일찍 일어났니? 내일은 일곱 시에 꼭 일어나"라고 설득할 수도 있다. 두 경우 중 내일 아침에는 조금 더 일찍 일어나야겠다고 아이 마음이 움직여지는 쪽이 어느 경우일지는 쉽게 짐작할 수 있을 것이다.

또 한 예로, 형제간에 자주 다투고 티격거리는 아이들에게 "사이좋게 지내라", "싸우지 말아라"고 하는 것보다 둘이 잘 놀고 있을 때 기회를 잡아 "너희가 재미있게 놀고 있으니까 보기 좋구나", "너희들이 기분 좋게 노는 걸 보니까 엄마도 덩달아 기분이 좋아진다"라고 하면 형제 사이가 친밀해지는 데 효과적이다.

동수 엄마는 아이의 밥 먹는 문제에서 많이 자유로워졌다. 가끔 밥을 먹지 않는 경우에도 그냥 두고볼 수 있는 여유를 찾았기 때문이다. 엄밀하게 밥은 자신을 위해서 먹는 것이지 다른 누구를 위해서 먹는 게 아니다. 아이가 엄마를 위해서 밥을 먹어준다는 생각을 갖게 하면 곤란하다. 엄마가 자유로워져야 아이도 자유로워진다.

09 잠잘 때 엄마가 옆에 없으면 무서워요

초등학교에 입학한 서진이는 매번 엄마 방에서 잠을 자려고 한다. 형과 함께 잤으면 좋겠는데 아이는 꼭 엄마가 아니면 안 된단다. 엄마가 옆에 없으면 무섭다는 게 이유다. 아이랑 같이 자기엔 침대가 좁고 잠자리가 불편해서 엄마는 아침에 일어났을 때 몸이 개운하지 않았다. 뿐만 아니라 학교에 다닐 만큼 큰 아이가 같이 자려고 하는 건 옳지 않다는 생각도 들었다.

이 문제를 민주적으로 해결하기 위해 아이와 의논을 하기로 했다.

"서진아. 엄마는 너랑 한 침대에서 자면 좁아서 불편해. 잠을 깊이 못 자고 자다 깨다 하니까 아침에 일어났을 때 몸이 개운하지 않아."

"그런데 엄마, 나는 엄마가 옆에 없으면 무서워."

"잠들 때와 깼을 때 엄마가 옆에 있었으면 좋겠다는 거구나?"

"응. 자고 있을 때는 모르니까 괜찮아."

"그러면 서진이가 형 방에서 잠들 때까지 엄마가 옆에서 책 읽어주고 기다릴게. 그리고 서진이가 잠들면 엄마는 엄마 방에 가서 자도 되지?"

"응, 아침에 깨면 엄마 방에 갈 거야."

"그래 좋아. 그러면 엄마는 밤에 잘 잘 수 있겠다."

약속한 대로 서진이는 형 방에서 잠을 잔 뒤 아침에 잠이 깨면 엄마 방으로 왔다.

●아이와 의논해서 다같이 만족할 만한 방법으로 답을 찾자

엄마가 원하는 것과 아이가 원하는 것이 서로 대립될 때 문제를 해결하는 방법은 세 가지이다.

첫째, 엄마가 원하는 해결책을 아이에게 강요해서 따르도록 하는 것으로 힘으로 해결하는 권위주의적인 방법이다.

둘째, 아이가 원하는 해결책을 엄마가 받아들이는 것으로 아이의 힘을 허용하는 방법이다.

셋째, 엄마와 아이 어느 쪽에서도 일방적으로 힘을 쓰지 않고 서로를 존중하는 수평적인 관계에서 의논을 통해 해결책을 찾는 민주적인 방법이다.

첫째와 둘째의 방법이 승패의 방법이고 셋째는 승승, 무패의 방법이다. 승패의 방법으로 문제를 해결하면 진 사람이 이긴 사람을 원망하는 마음이 남기 때문에 좋은 관계를 갖는 데 도움이 되지 않는다. 따라서 엄마는 아이와 대립되는 문제에서 승승할 수 있는 민주적인 방법을 적용하는 것이 좋다.

민주적인 방법은 충분한 대화로 의논해야 한다. 그러기 위해서 아이의 생각을 무시하거나 비난하지 않고 귀기울여 잘 들어야 하고 엄마 생각을 솔직하게 터놓고 얘기해야 한다. 해결책은 아이에게도 엄마에게도 좋은 것으로 결정해서 다함께 만족할 수 있어야 한다. 서진이 엄마는 아이와 의논해서 바람직한 해결책을 찾았다.

해결책이 결정되면 일정한 기간을 정하고 실천해보자. 그리고 실천 기간이 지난 후 잘 지켜졌는지, 어려움이 있는지 검토해볼 필요가 있다. 실천하는 데 어려움이 있었다면 다시 의논해서 새로운 방법을 찾아야 한다.

10 다음에 또 음악회 가고 싶어요

어느 날 남편이 가곡의 밤 음악회 초청장 두 장을 갖고 왔다. 남편의 은사님이자 결혼식 주례를 봐 주셨던 교수님의 초청이라고 했다. 귀한 초청이라서 음악회에 가고 싶었지만 초청장에는 8세 이하 어린이는 입장할 수 없다고 씌어 있었다. 아홉 살 딸아이와 일곱 살 아들을 두고 있는 엄마는 모두에게 좋은 해결책을 찾고 싶었다.

엄마는 두 아이와 놀이를 하면서 편안하게 얘기를 시작했다.

"엄마 아빠가 음악회 초청을 받았는데 우리 가족이 다함께 갈 수 없어서 걱정이란다."

그러자 큰아이가 얼른 말했다.

"엄마 나는 가고 싶어. 피아노 배우니까 가보면 좋잖아."

"그래. 피아노 공부하는 데 좋은 경험이 되겠지. 그런데 윤수만 두고 가도 될까?"

아니나 다를까, 작은아이가 펄쩍 뛰었다.

"싫어. 엄마, 아빠, 누나 모두 가는데 나만 떼놓고 가려고?"

"그래. 윤수 혼자 남는 건 싫지?"

엄마가 아이의 마음을 읽어주었다. 그랬더니 아이는 더 강하게 반응했다.

"엄마는 누나만 예뻐하고 나는 싫어하는 거잖아. 누나 가면 나도 꼭 갈 거야."

"어떻게 하지, 엄마도 우리 윤수랑 같이 가고 싶은데 여덟 살 이하 어린이는 입장할 수 없다고 초청장에 씌어 있어."

그리고 엄마는 초청장을 아이에게 보여주었다. 내용을 확인한 아이는 기분이 상한 듯 퉁명스럽게 말했다.

"그럼, 엄마 아빠도 안 가면 되잖아. 다 가지 마."

"윤수가 혼자 못 가는 게 정말 싫구나. 그런데 초청장을 주신 분이 누구냐면 아빠 선생님이시거든. 엄마 아빠가 결혼할 때 주례도 서주셨어. 그래서 엄마 아빠는 꼭 참석하고 싶단다."

윤수는 엄마 말을 듣고 뭔가를 생각한 뒤 말했다.

"엄마, 아빠, 누나 모두 가버리면 난 뭐해? 심심해서 싫어. 그러면 엄마 아빠는 가고 누나는 가지 마."

"윤수야, 혼자서 심심할까 봐 걱정되지? 그럼, 삼촌이 윤수랑 놀아주면 어때? 누나는 피아노 공부하고 싶으니까 가는 게 좋겠어."

삼촌을 좋아하는 윤수에게는 솔깃한 제안이었다.

"삼촌 오면 좋아. 그리고 간식도 많이 사주고 가."

"응, 삼촌이랑 윤수 먹게 간식 많이 사줄게. 윤수 사고 싶은 장난감도 하나 사줄게.”

“좋아. 장난감은 내일 사줘.”

“그래, 그렇게 하자.”

기분 좋게 합의가 되었다. 아이들 삼촌은 조카와 하루저녁 잘 놀아주었고 나머지 세 사람은 즐겁게 음악회에 참석했다.

집에 돌아온 엄마에게 아들이 말했다.

“엄마 벌써 왔어? 재미있게 놀아서 엄마 생각 하나도 안 했어.”

“그렇게 재미있었어? 우리 아들이 많이 컸구나.”

엄마는 아이를 안고 뽀뽀해주었다. 아빠는 아이 엉덩이를 두드려주면서 기쁨을 표현했다.

“우리 윤수 믿음직하구나. 아빠는 이제 든든하다.”

칭찬받은 아이는 으쓱으쓱 신나는 몸짓을 했다. 딸아이도 매우 만족했다. 예쁜 드레스를 입고 노래하는 성악가의 모습에 취해서 행복한 꿈을 꾼 것 같았다.

“엄마, 다음에 또 음악회 가고 싶어요.”

가족 모두가 만족스러운 행복한 하루를 보냈다.

● 서로 존중하면 믿음이 생기고 믿음은 자기통제 능력을 키운다

 유아는 자신의 욕구를 채우는 일에 본능적으로 반응한다. 대개 나이 들면서 상황에 따라 욕구를 조절하는 능력이 키워진다.

미국 미셸 박사의 '마시멜로 실험'은 순간의 욕구를 참아낸 아이들

이 성공한다는 것을 증명하고 있다. 1966년 스탠퍼드 대학의 월터 미셸 박사가 대학심리학과 부설 '빙Bing' 유아원의 어린이를 중심으로 연구를 시행했다.

"지금 먹으면 마시멜로를 한 개만 먹을 수 있고, 십오 분 기다리면 두 개를 주겠다"고 했는데 더 큰 보상을 기대하고 15분을 꾹 참은 아이들은 653명 참가자의 30%에 불과했다. 아이들이 유혹을 견딘 평균 시간은 단 3분, 그나마 대부분은 30초도 지나지 않아 마시멜로를 먹어버렸다.

1981년, 15년 전 실험에서 15분을 기다렸던 아이들은 30초를 못 넘긴 아이보다 SAT미국수능시험 평균 점수가 210점이나 높았다. 그뿐 아니라 조사한 모든 분야에서 훨씬 우수하다는 사실이 입증되었다.

시사주간지 <뉴요커>에서 "당시 기다린 그룹은 현재도 '성공한 중년의 삶'을 살고 있는 데 반해 기다리지 않은 그룹의 아이들은 비만이나 약물중독의 문제를 갖고 있다"고 보도했다. 또 "작은 차이가 큰 차이를 만든다"며 "단순히 마시멜로를 먹고 안 먹고의 차이는 아니다. 그들은 욕구를 조절했다"고 했다.

순간의 욕구를 참아낸 아이들은 청소년이 된 이후에도 TV를 보지 않고 SAT 공부를 했다. 또한 직장인이 된 이후에도 사고 싶은 것을 참고 은퇴자금을 모았다. 자기통제가 성공의 지름길이라는 것이 '마시멜로 법칙'의 메시지다.

그렇다면 자기통제 능력을 키우기 위해서 어떻게 하면 좋을까? 윤수 엄마처럼 아이들과 의논해서 해결책을 찾는 민주적인 방법은 효과적이다.

서로의 의견이 다를 때 부모 마음대로 결정하고 따르도록 하는 방법이나 아이들이 하자는 대로 부모가 끌려가는 방법이 있다. 이러한 방법은 상대방을 미워하거나 원망하게 만들기 때문에 인간관계에서 믿음을 심어줄 수 없다.

인간관계에서 상호 신뢰할 수 있는 믿음은 매우 중요하고, 상대방에 대한 믿음이 있을 때 욕구를 조절할 수 있고, 자기통제 능력도 키울 수 있다.

11 혼자
목욕하기 싫어요

　　일요일 아침, 초등학교 2학년생인 주연이는 눈을 뜨자마자 생트집을 잡았다. 엄마가 목욕탕에서 샤워를 하고 있는데 난데없이 들어와서는 자기랑 같이 하지 않고 엄마 혼자만 목욕을 한다며 울면서 떼를 썼다. 같이 하게 옷 벗고 들어오라고 해도 막무가내였다. 엄마가 먼저 했기 때문에 지금은 하고 싶지 않다며 계속 울기만 했다.

　　"엄마 미워. 나 혼자 목욕하기 싫단 말이야."

　　"엄마가 얼른 씻고 싶어서 그랬어. 엄마가 옷 입고 너 도와줄게."

　　"싫어. 엄마랑 같이 샤워하고 싶다고."

　　"그럼, 얼른 옷 벗고 이리 와. 지금부터 같이 하자."

　　"싫어. 난 지금은 하기 싫고 나중에 하고 싶단 말이야."

　　주연이는 계속 징징 울었다.

　　"주연이는 엄마가 먼저 샤워해서 화가 났구나. 지금은 하기 싫고 나

중에 엄마하고 같이 하고 싶은 거야?"

엄마는 의사소통법을 공부한 것이 생각나서 아이의 마음을 읽어주었다. 그랬는데도 아이에게는 통하지 않았다.

"엄마 미워, 싫어!"

아이는 계속 징징거리더니 이내 울음이 주춤해졌다. 엄마는 한 가지 아이디어가 떠올랐고 아이에게 제안했다.

"주연아, 이 양동이에 물 받고 거품 만들어서 들어가면 어떨까? 전에 하고 싶다고 했지? 그런데 엄마가 못 하게 했잖아."

아이는 금세 웃으며 말했다.

"좋아, 엄마. 그렇게 해줘."

새로운 제안이 받아들여졌고 아이는 기분 좋게 목욕을 했다.

"주연이가 밝게 웃으니까 엄마도 기분이 좋아지는걸. 아까 울기만할 땐 엄마도 화가 날 것 같았어."

"엄마. 미안해요. 다음부터는 떼쓰지 않을게요."

주연이는 시원시원하게 약속했다. 떼쓰는 것을 엄마가 얼마나 싫어하는지 아이는 잘 알고 있었다. 엄마는 아이가 알아주는 것만으로도 흐뭇했다.

● 참신한 아이디어로 환경이나 분위기를 바꿔보자

아이 마음을 읽어주는 것은 아이가 감정을 조절하도록 도와주는 방법이다. 엄마가 원하는 행동을 하도록 유도하는 방법이 아니다. 따라서 엄마는 자신의 뜻이 통하지 않는다고 느낄 수도 있다. 주연이도 "엄마 미워, 싫어!" 하면서 계속 징징거렸지만 마음을 읽어준 효과가 있어 금세 울음이 주춤해졌다.

어떤 이는 좋은 엄마가 된다는 것은 기다림을 배우는 것이라고 했다. 울고 징징거리는 아이에게 빨리 그치라고 채근하지 않고 기다려주는 것은 좋은 엄마가 되어가는 과정이다.

답답한 상황을 반전시키기 위해 때로 참신한 아이디어가 필요하기도 하고 환경이나 분위기를 바꾸는 것도 필요하다.

주연이 엄마는 아이의 울음이 주춤해질 때쯤 아이가 좋아할 제안을 해서 문제가 상큼하게 해결되었다. 엄마에게 이해받은 아이는 엄마가 좋아할 약속으로 고마움을 표현했다.

"다음부터는 떼쓰지 않을게요"라고.

아이는 엄마가 무엇을 원하는지 엄마 마음을 훤히 들여다보고 있다. 아이 스스로 엄마를 돕고 싶은 마음이 있어야 아이는 변한다.

12 영어학원 승급 때문에 재수 없어

초등학교 4학년생인 서형이가 영어학원에 다녀온 후 의사소통 방법을 공부한 엄마와 나눈 대화이다.

"엄마, 난 재수가 없는 것 같아!"

"서형이가 속상한 일이 있나 보구나."

"나 있잖아, 학원에서 처음에 시험 볼 때 더 잘할 수 있었는데 좀 긴장해서 삼 단계 반밖에 못 들어간 것 같아."

"삼 단계 반에 들어간 게 억울한가 보구나."

"그래도 괜찮아. 재미있어. 그런데 준혁이는 삼학년인데 오 단계 반에 들어갔잖아. 그리고 오 단계 반에 우리 반 기준이가 들어갔어."

"그래? 기준이가 너희 학원에 들어왔다고?"

"그래서 나 좀 자존심이 상해. 기준이가 나를 어떻게 생각하겠어? 준혁이도 오 단계 같은 반인데 나는 겨우 삼 단계 반에 있으니까."

"응, 그래서 서형이가 좀 창피하고 자존심이 상한 거야?"

"그렇긴 한데, 실은 기준이는 원래 영어 꽤 잘해. 그래서 처음부터 오 단계 반에 들어갔나 봐."

"그랬었구나."

"엄마, 다음 시험에는 긴장하지 않고 잘 볼게."

"우리 서형이 생각 정말 대견한걸. 엄마는 서형이 마음이 편해진 것 같아서 좋아."

● 판단이나 평가를 앞세우지 말고 수용하면서 듣자

필자가 수십 년 동안 애독해온 어느 일간지의 한 칼럼니스트의 글 중에 다음과 같은 내용이 있었다.

먼저 상대한테 귀를 열어줘 상대에게 설득 당할 각오를 하지 않는 사람은 상대를 설득할 수 없다. 내 귀를 열어줘야만 상대의 마음도 함께 열리는 법이기 때문이다.

목소리에 이상이 생겼다고 의사를 찾는 오페라 가수들을 검사하면 대부분 후두가 아니라 중이中耳에서 문제가 발견된다고 한다. 사람은 자기 귀로 들을 수 없는 소리는 입으로도 낼 수 없다. 알프레드 토마티스라는 프랑스의 의사는 '입으로 노래하는 것이 아니라 귀로 노래한다'는 원리에 입각해 목소리 이상을 호소하던 수많은 가수들의 귀를 치료함으로써 그들을 다시 오페라 무대에 세울 수 있었다. 입으로 설득하는 것이 아니라 귀로 설득한다는 말과 통하는 이야기다. 귀를 닫으면 상대의 입장에 서서 바꿔 생각해보는 역지사지易地思之의 문도 닫히고 만다.

　서형이 엄마는 아이의 말 한 마디 한 마디를 귀담아 들었다. 그리고 아이의 마음을 읽어주는 말로 반영反映. feedback해서 확인했다. 아이는 이러한 확인 과정을 통해서 자신의 마음을 엄마가 이해했다고 생각했다. 각각 여섯 번씩의 대화를 했을 뿐인데 아이는 감정적으로 편안해졌고, 자신의 문제를 인식했고, 다음에 어떻게 해야 하는지를 깨달았다. 아이가 처음 시작한 말 "엄마 난 재수가 없는 것 같아!"에서 엄마의 생각이나 판단이 앞섰다면 "서형이가 속상한 일이 있나 보구나"라고 말할 수 없다. 아마 "왜 그래?", "무슨 일이니?", "뭘 잘못했지?", "너 또 실수했지?", "누가 널 괴롭혔니?" 등으로 말할 것이다. 이렇게 되면 대화는 어긋난다. 서형이 엄마는 계속해서 자신의 판단을 내세우지 않고 아이가 한 말을 되짚어주었다. 그랬기 때문에 아이는 빨리 자신의 문제를 파악하고 이성적으로 판단할 수 있게 되었다.

　그리고 마지막으로 엄마가 한 말은 칭찬이다. 아이가 이해받고 싶은 말을 끝낸 다음 자기 판단으로 바람직한 결심을 말했기 때문에 엄마는 칭찬을 했다. 엄마의 적절한 칭찬은 아이의 자존감을 높여주고 용기를 북돋워줄 것이다.

13 아이가 말대꾸를 한다는
선생님의 전화

　중학교 2학년생인 승미는 초등학교 6학년과 3학년생인 남동생 둘을 잘 돌 보는 의젓한 누나다. 엄마는 아이들을 올바르게 키우려고 노력하면서 살아왔고 아이들이 잘 따라주고 있다고 생각해왔다.

　그런데 어느 날 예상치 못했던 일이 생겼다. 승미 담임선생님의 전화를 받았는데 선생님은 아이가 말대꾸를 해서 벌을 줄 수밖에 없다며 화가 가라앉지 않은 목소리로 말했다. 선생님 얘기를 들으면서도 엄마는 자신의 딸의 행동이라고는 믿기지 않았고 아이에 대한 원망으로 화가 났다. 선생님께는 다음 날 학교에 찾아가겠노라고 약속하고 전화를 끊었다.

　아이가 집에 돌아오는 시간을 기다리는데 온갖 생각이 스쳐갔고 돌아가신 친정어머니를 생각하자 눈물이 났다.

　아이의 얘기를 빨리 들어보고 싶은 마음에 초조하게 기다렸지만 아이는 귀가시간이 지나도 오지 않았고 저녁시간이 지나도 오지 않았다. 엄마는 불안해지기 시작했고, 안절부절못하고 있을 때 아이가 집에 왔다. 아홉 시 삼십 분이었다. 아이를 보는 순간 불안한 마음이 사라지면서 화를 낼 힘도 없었다. 아이는 풀이 죽고 힘없는 모습이었다.

엄마는 안쓰러운 마음이 들어 아이에게 말했다.

"우리 승미 오늘 힘들었지? 선생님 얘기 들었어. 지금은 힘들 테니까 우선 아무 생각 말고 먼저 쉬어. 니 얘기는 쉬었다 들을게."

엄마 말을 듣고 아이는 눈물을 흘렸다. 엄마의 태도에 아이는 의아해하는 것 같았다. 엄마가 화가 많이 나서 집에 오면 굉장히 혼날 것으로 예상하고 있었을 것이다. 아이는 걱정이 진정된 듯 안심하는 표정으로 자기 방으로 갔다. 한 시간쯤 지나자 아이는 스스로 얘기를 하겠다고 했다. 엄마는 아이 얘기를 귀기울여 들었다. 아이는 혼자 충분히 생각한 듯 차분하게 그날 있었던 일을 얘기했다. 감정적으로 선생님께 말대꾸를 한 것은 잘못한 일이라고 순순히 인정했고, 반성했다. 엄마는 아이의 말을 끝까지 다 들은 후 선생님 입장에 대해서 말해주었다. 그 이후 아이는 선생님께 잘못을 사과드렸고 엄마나 선생님도 대화가 잘 되었다. 또한 아이는 엄마에게 더욱 다정해졌고 공부도 더 열심히 하려는 태도를 보이고 있다.

승미 엄마는 '말 한 마디가 천 냥 빚을 갚는다'는 말의 의미를 절실하게 깨달았다고 했다.

그날 저녁 아이를 기다리는 시간이 너무 힘들기도 했지만 그 시간 동안 자신의 감정을 추스르고 공부하고 있는 의사소통방법을 적용할 수 있는 이성을 찾기도 했다. 아이를 원망하는 마음을 앞세워 아이에게 직설적으로 화를 내고 꾸중을 했으면 어쩔 뻔했을까? 다시 생각해도 승미 엄마는 자신이 대견하고 그날 저녁의 일이 흐뭇했다고 했다.

●스스로 잘했다고 생각할 때는 자신에 대한 칭찬도 필요하다

'비인불인非忍不人', '불인비인不忍非人', <논어>에 있는 말이다. 참는 것이 얼마나 중요한가를 알려주는 말이다. 그대로 풀어보면 '참지 않으면 사람이 아니고 참을 수 없으면 사람이 아니다'인데 아니 비非와 아니불不의 차이에 유의해서 그 뜻을 살펴볼 필요가 있다. '참지 못하는 사람은 사람답지 못하고 참을 수 없는 사람은 사람이 아니라 짐승과 같다'는 뜻이라고 생각한다.

참을성을 기르는 일은 인간답게 잘 살기 위한 중요한 과제일 수밖에 없다. 그럼에도 끊임없이 참기 어려운 문제는 생기게 마련이다. 참을 수 없는 문제, 참기 어려운 문제에 부딪쳤을 때 무조건 참는 것이 물론 답은 아니다. 참을 수 있는 능력을 키워서 참을 수 있는 문제가 많아지는 것은 바람직하다. 이는 곧 인격의 성숙이라고 할 수 있을 것이다. 그렇지만 무리하게 억지로 참았다가는 화가 쌓여 화병이 나기도 하고 엉뚱한 일로 폭발하여 더 곤란한 문제를 만들기도 한다. 그러니 문제의 종류, 그때의 상황, 참을성의 개인적인 한계 등에 따라 지혜롭게 대처하는 것이 중요하다.

사춘기의 여자아이들은 자신의 생각이 무시당하는 듯한 느낌이 들면 신경질적인 말투로 쏘아 붙이곤 한다. 남자아이보다 사랑받고 존중받고 싶어하는 욕구가 훨씬 더 강하기 때문이다.

승미 엄마는 아이에게 화부터 내지 않고 시간을 가졌다. 아이를 사랑하는 마음으로 보았기 때문에 풀이 죽어 있는 아이에게 측은한 마음이 생겼을 것이다. 참을 인忍자 셋이면 살인도 면한다고 했다. 엄마가 아이의 마음을 읽어주고 먼저 쉬게 한 결과가 아이의 마음을 움직인 것이다. 때로는 작은 변화가 큰 결과를 가져오기도 한다. 엄마는 자신에게 칭찬을 해줄 만하다.

"난 참으로 대견해. 그날 저녁에 상담자로서의 엄마 역할을 훌륭히 했어."

14 청소당번을 정한 선생님을 이해하지 못하는 아이

중학교 2학년생인 경미는 중학생이 되기 전까지는 불평불만이 없는 착한 딸로 자라왔다. 네 명의 시누이와 두 명의 조카까지 한 집에서 살아야 하는 엄마의 어려움을 이해하고 엄마 말을 잘 따르는 외동딸이었다. 사실 그렇게 된 이유는 엄마에게 있었다. 엄마는 아이가 어릴 때부터 반복교육을 시켜왔다. 아이에게 주어진 환경을 이해시키고 의젓하게 행동하도록 가르치고 강요해왔다.

그런데 중학생이 되자 아이는 달라졌다. 매사에 불만족하고 불평만 하는 아이로 변해 갔다. 아이에게는 학교도, 가정도, 교회도 어느 것 하나 마음에 드는 곳이 없었다. 엄마는 아이를 감당하기 힘들었다. 그러나 곧 자신의 태도에 문제가 있음을 깨닫고 아이와 좋은 관계를 갖고 의사소통을 잘하기 위해 새로운 공부를 시작했다.

중간고사를 일주일쯤 앞둔 어느 날, 학교에서 돌아온 아이는 청소

56

문제에 대해 얘기했다.

"엄마, 시험 끝난 바로 다음 주에 청소 당번이 됐어."

"시험주간보다 낫겠네? 시험치고 나면 부담 없잖아."

엄마는 별 생각 없이 평소처럼 말했다.

"그렇지 않아."

아이는 불만스러운 듯 퉁명스러웠다.

"왜 그래?"

엄마는 궁금한 마음으로 물었다.

"오히려 시험기간에는 대충 해도 되거든."

잠깐 뜸을 들인 아이는 계속 얘기했다.

"그런데 청소당번이 남자 다섯 명이고 여자는 나 혼자야. 남자 애들은 청소를 잘 못 해. 그중에는 내가 제일 싫어하는 애도 있어. 정말 속상해."

"그랬구나. 어떡하니, 속상해서."

엄마는 아이 마음이 이해되어서 그 마음을 읽어주었다.

"엄마 내가 칠 조거든. 그러니까 청소당번이 그렇게 짜일 수가 없어. 선생님이 이상하게 짰어."

"이해가 안 되니? 여학생이 한 명만 더 있어도 좋을 텐데."

아이 일이 자기 일이 된 듯 엄마는 머리가 복잡해졌다. 숫기없고 적응력도 부족한 아이가 남학생 다섯 명과 청소하느라 쩔쩔 맬 모습이 눈앞에 아른거렸다.

예전 같으면 아이를 원망하는 마음으로 '공부하기 싫으니까 다음 주일을 미리 트집잡는구나', '불평할 일이 또 생겼으니 나를 얼마나 힘들게 할까'라는 생각을 하면서 "불평한다고 상황이 달라지지 않을 것 같으면 받아들여. 어차피 해야 될 일이잖아", "시험기간에 걸리지 않은 걸 오히려 기뻐해야지", "네가 선생님께 가서 청소당번 바꿔달라고 말씀드려?" 등으로 말했을 것이다. 하지만 아이가 생각하고 말할 때까지 기다리기로 했다. 그랬더니 아이가 다시 말했다.

"엄마, 청소하지 말고 도망쳐버릴까?"

아이의 말은 의외였다. 평소 고지식하고 차선책을 찾지 못하던 아이였는데 청소를 하지 않고 도망칠 생각을 했다는 게 신기하기까지 했다.

"정말 그럴 수 있겠어?"

"아니, 그러고 싶다는 말이야."

"그만큼 싫다는 얘기구나."

"여자가 한 명만 더 있어도 괜찮은데."

"그래, 속상하지?"

"아니면 제일 싫은 애, 걔가 없어도 좋겠어."

"정말 너한테는 감당하기 힘든 조건이구나."

뭔가를 생각하는 듯 말이 없던 아이는 잠시 후 엄마를 불렀다.

"엄마."

"응."

"일 년에 청소당번이 몇 번 돌아올까?"

"글쎄."

"일 년에 서너 번? 그래, 일 년에 서너 번 중에 이번 한 번이니까 참아봐야지."

엄마는 아이 입에서 그렇게 쉽게 답이 나오리라 예상하지 못했다. 오히려 귀가 의심스러울 지경이었다.

무엇이 아이의 입에서 그런 말이 나오게 했을까? 아이의 말을 진심으로 듣다 보니 아이의 막막함과 힘들게 느껴지는 마음이 엄마에게 전달된 것이다. 그리고 엄마는 입으로만 '……구나'를 한 것이 아니라 마음으로 아이의 어려움을 수용하고 들어주었기에 아이에게서 그런 말을 들을 수 있었다고 생각했다.

그후, 아이는 청소에 대해서 불평하지 않았다. 선생님에 대해서도, 제일 싫어하는 남학생에 대해서도. 이미 스스로 감당하기로 마음먹었기에 가능한 일이었다. 그리고 나중에 안 일이지만 청소당번은 딸이 생각한 것보다 더 자주 다가왔다.

●한 번의 성공 경험을 알아주는 것이 중요하다

"삶에서 가장 중요한 것은 인간관계였다"고 75세 된 조지 베일런트 교수는 말했다. 1937년 하버드대 의대에서 똑똑하고 야심차고 적응력이 뛰어난 학생들을 뽑아 '잘 사는 삶의 공식'을 추적, 연구해온 결론이었다. 그는 행복하게 늙어가는 일곱 가지 요소의 으뜸으로 '고통에 적응하는 자세'를 꼽았다. 갈등과 과오를 부정하지 말고 승화와 유머로 방어하라고 했다. 나머지 여섯 가지는 안정된 결혼, 교육, 금연, 금주, 운동, 적당한 몸무게였다. '삶'은 과학으로 판단하기엔 너무나 인간적이고 숫자로 말하기엔 너무나 아름답다고 했다.

경미 엄마는 경미를 착하게 살도록 강요했다. 그래서 자신의 욕구를 누르는 것이 다른 사람을 배려하는 것으로 알고 고지식한 아이로 자라온 것이다. 말하자면 융통성을 키우지 못한 것이다. 고지식하고 융통성이 없으면 인간관계를 꾸려나가는 데 큰 약점이 된다.

인간관계 능력이 탁월했던 미국의 링컨 대통령은 미국 국민으로부터 가장 훌륭한 대통령으로 추앙받는다. 그런가 하면 링컨 대통령의 탁월한 인간관계 능력을 심리학자 중에는 교활하다고 말하는 사람도 있다. 긍정적으로 해석한다면 교활하다는 말을 들을 정도로 인간관계 능력이 뛰어났다고 볼 수 있다.

청소년기에는 친구관계가 매우 중요하다. 남자아이들보다 여자아이들이 더 감성적이다. 어른들이 보기엔 별것 아닌 일도 여자아이는 크게 받아들이고 힘들어한다.

엄마는 중학생이 되면서 달라진 아이를 감당하기 위해 노력하고 있다. 아이가 인간관계의 능력을 키워 나가는 과정에 힘든 일도 있을 것이고, 그래서 불평·불만도 쌓일 것이다. 친구들과의 관계나 일상생활에서 생기는 문제를 성공적으로 해결하는 경험이 중요하다. 아이는 엄마와의 대화를 통해서 문제를 해결하는 성공 경험을 했고 엄마는 아이를 성공적으로 도와주는 새로운 경험을 했다. 엄마 귀가 의심스럽도록 아이가 결심을 말했을 때 꼭 해야 할 칭찬 한마디.

"스스로 참아보겠다고 하니 엄마는 정말 감격스러워!"

제 2 장

질이 좋은 꾸중으로
아이를 건강하게 키우자

이 장에서는, 엄마들이 아이들과 일상적으로 부딪히는 문제에서 꾸중의 질을 높일 때 엄마와 아이에게 어떤 영향을 미치는가를 보여주고 있다. 꾸중 자체가 나쁜 것이 아니라 잘못된 꾸중이 나쁜 것이다. 적절하고 질이 좋은 꾸중은 아이에 대한 사랑과 관심의 표현이다.

15 스위치로 불을 껐다 켰다 하는 아이

한 천주교회에서 생긴 일이다. 본당 신축건물이 완성되지 않아서 컨테이너 박스를 가로 세로 연결하여 미사를 보는 성당이었다.

그날은 갑자기 기온이 올라 많이 더웠고 실내는 가득 찬 사람들로 발 디딜 틈이 없었다. 유아실은 아이들 소리가 밖으로 나갈까 봐 늘 문을 닫고 있어서 환기도 잘 되지 않았고 불쾌지수도 높았다. 어른들은 연신 부채질을 해가며 미사에 참여하고 있었다. 미사 중반쯤 되자 네댓 살쯤으로 보이는 남자아이가 칭얼대기 시작했다. 엄마 옷을 잡아 끌기도 하고 성가책을 던지기도 하는 모습이 꽤나 지루해 보였다. 그러다 아이는 자신의 머리 바로 위쪽에 있는 형광등 스위치를 보더니 벌떡 일어나 껐다 켰다 했다. 밖은 환했지만 유아실은 구석에 있기 때문에 불을 끄면 어두웠다. 두세 번 껐다 켰다 하기를 반복하자 아이의 엄마가 아이에게 꾸중을 했다.

"그냥 놔두고 빨리 앉지 못해! 엄마한테 혼난다."

엄마의 꾸중에도 아랑곳없이 아이는 계속 스위치를 눌렀다.

"빨리 켜고 앉아, 제발."

엄마는 정말 당혹스러워했고 화가 난 듯했다. 옆에서 지켜보고 있던 한 할머니가 얼굴을 찡그리며 말했다.

"이놈, 여기는 성당이야. 성당은 기도하러 오는 곳이지 장난치는 데가 아니지."

하지만 아이는 꿈쩍도 안 했다. 이젠 아예 다른 사람이 스위치를 만지지 못하도록 자신의 손으로 가리고 두 다리에 힘주어 버티고 서 있었다. 두세 명이 이어서 "얼른 켜고 앉아라"라고 타일러도 아이는 요지부동이었다. 그때 의사소통 방법을 공부했던 맞은편의 지연이 엄마가 말했다.

"너 지금 많이 답답하고 지루하구나. 여기 정말 덥지?"

아이가 잠깐 지연이 엄마를 쳐다봤다.

"그런데 스위치로 불을 켰다 껐다 하니까 성가책이 잘 안 보이는데 어쩌지?"

말이 끝나고 채 1, 2초도 지나지 않아서 아이는 바로 스위치를 켜더니 자리에 털썩 앉았다.

아이를 지켜보고 있던 아이 엄마는 "어머!" 하며 짧게 놀랍다는 표현을 했다.

●아이는 능력을 인정받으면 인정받은 만큼 행동한다

평가를 받고 자란 사람은 타인을 평가하고, 존중받고 자란 사람은 타인도 존중하게 된다는 것은 자녀교육의 중요한 지침이다. 그럼에도 불구하고 아이를 존중하면서 키우는 것은 쉽지 않다. 일상적으로 생기는 아이의 잘못을 아이 입장에서 생각해보고 아이를 존중하는 마음으로 대화를 시작한다면 의외로 문제해결이 더 쉽게 되는 것을 경험하게 될 것이다.

어른 기준으로 평가하고 잘못을 지적하거나 꾸중하는 것은 아이를 존중하는 태도가 아니다. 어린 아이도 자신이 존중받고 있는지 아닌지 본능적으로, 직감적으로 느낀다. 자신이 존중받고 있다고 느끼면 선한 마음이 좋은 행동으로 나타나고, 존중받지 못한다고 느끼면 악한 마음이 나쁜 행동으로 나타난다. '인간은 천사보다 더 착할 수도 있고 악마보다 더 나쁠 수도 있다'고 한다. '성선설'도 '성악설'도 어느 한쪽이 정답이라고 할 수 없는 것과 같다.

아이 엄마도, 옆에 있던 할머니도, 그리고 다른 어른들도 아이의 행동이 잘못이라는 판단에서 행동을 고쳐주려고만 했다. 아이 스스로 자신의 행동을 바꿀 수 있도록 믿고 존중하는 태도가 아니었다. 여러 사람의 명령, 설득, 당부에도 꿈쩍 않던 아이가 지연이 엄마의 말에 스스로 행동을 바꿨다. 지연이 엄마는 아이 입장을 이해하고 존중했기 때문이다.

이렇게 4~5세 아이도 스스로 판단하고 옳은 행동을 할 수 있는 능력이 있다. 어리기 때문에 대화가 통하지 않는다는 말은 어른이 노력해보지도 않고 쉽게 하는 잘못된 말이다.

사례는 아이 엄마의 놀라움으로 끝나고 있지만 꼭 하나 첨가하고 싶은 것이 있다. 아이의 바람직한 행동 다음에는 즉시 칭찬을 해주어야 좋은 행동이 강화되는 효과가 있다. 아이 엄마나 지연이 엄마가 "스위치를 켜주니까 성가책이 잘 보여서 참 좋다. 고마워"라고 아이 행동에 대한 칭찬을 하는 것이다.

"아이는 어른 하기 나름이에요."

강조해도 지나치지 않는 말이다.

16 장판이 닳도록 신나게 노는 아이들

상진이 엄마와 자주 만나는 허물없는 친구가 아이 네 명을 데리고 놀러왔다. 아이 두 명과 합해놓으니 여섯 명이 되어 이 방 저방 뛰어다니며 정신없이 놀고 있었다. 아이들 나이는 두 살에서 아홉 살까지 다양했다.

상진이 엄마는 안방에서 친구와 이런저런 이야기를 하고 있는데 얼마나 시끄럽게 법석을 떠는지 먼지도 심하게 나고 이야기를 할 수 없을 정도였다. 그때 마침 친구의 아이가 엄마들이 앉아 있는 쪽으로 소리를 지르며 뛰어 들어왔다. 친구가 인상을 쓰며 아주 엄한 어조로 "이리 와 앉아"라고 말했다. 상진이 엄마는 이럴 때 어떻게 해야 한다고 배운 것이 생각나서 친구를 손으로 쿡쿡 찔러서 말을 못 하게 해놓고 부드러운 어조로 "민규야, 네가 뛰어다니니까 먼지가 나서 목도 아프고 시끄러워서 너희 엄마가 하는 말이 하나도 안 들려. 그래서 아줌

66

마는 답답해"라고 말했다. 자기 엄마의 야단에 엉거주춤하고 있던 아이는 아주 상쾌한 얼굴로 "예, 아줌마 알았어요. 저 방에서 놀게요" 하고 나갔다. 어떻게 하라고 말하지도 않았는데 일이 해결되니 정말 신기했다. 다른 때 같았으면 몽둥이를 들고 들어와서 "조용히 안 하면 한 대씩 맞는다"라든가 "이 방에 들어오지 마"라며 일방적으로 방문을 잠궈버렸을 텐데 너무나 다르게 대처하는 모습에 친구가 어리둥절해했다.

"아이한테 야단을 치거나 어떻게 하라고 지시하는 말까지 하면 안 돼. 그냥 있는 그대로 상황과 내가 문제가 되는 것과 느낌만 이야기하는 거야. 우리가 해오던 언어습관을 완전히 바꾸어야 해. 강사님이 오른손을 쓰던 사람이 왼손을 쓰는 것처럼 어렵다고 하셨어. 그래서 연습을 많이 해봐야 된대. 그게 이번주 숙제야."

친구는 방법이 괜찮다며 관심을 보였다.

조금 있다가 아이들 방에 가 보니 침대 매트를 꺼내서 반쯤 걸쳐놓고 그 위에서 얼마나 춤을 췄는지 침대 발 있는 부분의 장판이 닳아서 시멘트가 보일 지경이었다. 상진이 엄마는 너무 화가 나서 "너희들 거기에 그대로 서"라고 소리를 치고는 '아참, 이렇게 하는 게 아니지'라고 생각하고는 다시 목소리를 낮추어 차분하게 말했다.

"너희들이 침대를 꺼내놓으니 다시 치울 생각에 아줌마는 속상해. 또 장판이 떨어져서 시멘트가 보이니까 보기도 흉하고. 고치려면 힘이 들거든."

야단을 맞을 줄 알았던 아이들은 상진이 엄마의 부드러운 태도에 일단 마음이 놓였는지 얼른 침대를 똑바로 놓고, "다음부터는 안 그럴

게요" 하고는 밖으로 나갔다.

어느 날 밖에서 놀다가 상진이가 머리를 맞았다며 울면서 들어왔다. 다른 아이들은 때린 이유를 서둘러 변명하는데 잘잘못은 따지지 않고 상진이의 마음을 읽어주었다.

"머리를 맞아서 아프겠구나. 형들이 머리를 때렸어? 그냥 놀고 있는데 형들이 머리를 때렸다고? 머리가 아프겠구나."

상진이는 했던 말을 계속 반복하며 속상해서 울었고 엄마는 옆에서 아이가 하는 말을 듣고 아이 마음을 계속 읽어주었다. 그랬더니 잠시 후 상진이는 울음을 그치고 언제 그랬냐는 듯 TV에서 나오는 노래를 따라 부르며 흥겨워했다.

며칠 후에 알게 된 것은 예전 같으면 속상했던 일을 두고두고 이야기했을 텐데 그 이야기는 다시 꺼내지 않았다는 것이다. 그때 엄마가 마음을 다 읽어주었더니 감정이 다 정리가 되어서일 것이다. 평소에 하듯 때린 애를 야단치는 것보다 효과가 더 좋았다. 이날 친구는 상진이 엄마가 하는 것을 보고 우리가 무심코 하던 말이나 행동들이 얼마나 폭력적이고 아이들의 마음과 동떨어진 것이었나를 반성하게 된다고 했다.

●아이를 존중하면서 엄마의 어려움을 인간적으로 호소하자

 아이 행동을 부모가 수용할 수 없을 때 말하는 방법으로 '너–전달법'과 '나–전달법'이 있다. 말의 주어가 '너'일 때 '너–전달법'이고 말의 주어가 '나'일 때 '나–전달법'이다.

예를 들면, "너 시끄럽게 떠들지 마라"는 '너-전달법'이고, "나는 조용히 쉬고 싶어"는 '나-전달법'이다.

우리말은 영어와 달리 대화체, 구어체에서는 주어를 생략하는 경우가 많다. 그럴 경우에는 말의 가장 중요한 내용의 행동 주체가 '너'인가 '나'인가를 찾아서 '너-전달법', '나-전달법'으로 구별한다. 즉 의미상의 주어가 '너', '나'인가에 따라서 구별한다.

예를 들면, "이제 그만 놀고 씻고 자거라"에서 씻고 자야 할 사람이 '너'이니까 '너-전달법'이다. "잠자는 시간이 늦어지면 아침에 빨리 못 일어나기 때문에 엄마가 깨우기 힘들어"에서 아침에 일어날 사람은 '너'이고 깨우기 힘든 사람은 '나'인데 말하는 사람이 전달하고자 하는 중요한 내용은 내가 힘들다는 것이기 때문에 '나-전달법'이 된다. 우리말은 중요한 부분이 말의 끝에 있으므로 끝까지 들어야 무엇을 말하려고 하는가를 잘 알 수 있다.

'너-전달법'은 엄마가 아이의 행동을 통제하거나 가르치려는 목적으로 하게 된다. 따라서 아이와 수직적인 관계에서 말하게 되고 명령, 지시, 강요, 훈계, 충고, 설득 같은 말투를 많이 쓰게 된다.

'나-전달법'은 엄마가 아이의 행동으로 인해서 자신이 곤란하거나 어렵게 된 점을 인간적으로 호소하는 방법이다. 따라서 아이와 수평적인 관계에서 아이를 존중하면서 도움을 요청하게 된다.

그렇기 때문에 '너-전달법'으로 말하면 아이는 엄마의 힘에 눌려 복종하거나 존중받지 못해서 화를 내고 반항하게 된다.

17 의자 두 개를 다 갖겠다고 끌어안고 있는 아이

생후 24개월 된 현조는 자기주장이 매우 강하다. 아빠 엄마가 늦게 결혼해서 얻은 아이라 '오냐 오냐'한 탓도 있는 듯했다. 엄마는 가끔 시댁 고집을 닮았다고 탓하기도 하고 형제 없이 혼자 크는 게 원인이라고도 생각한다.

현조는 엄마가 가끔 무섭게 혼내기라도 하면 할머니 댁에서 돌아오려고 하지 않는다. 한번은 5일이나 할머니 집에 있으면서 엄마의 전화도 받지 않고 "엄마 미워"라고 한 적도 있었다. 그렇지만 엄마는 아직은 너무 어리다는 생각에 두고볼 수밖에 없었다.

어느 날 엄마 아빠는 아이를 데리고 저녁 늦은 시간에 가까이 있는 아이 이모네 가게에 놀러갔다. 가게는 4~5평 크기로 여러 사람이 앉을 공간이 충분치 않았다. 이모 내외는 의자를 엄마 아빠에게 주었고 가게에는 동그란 의자가 두 개 더 있었다. 아이는 얼른 의자 두 개를 붙여놓더니 그 위에 배를 깔고 엎드렸다. 엄마는 동생 내외에게 민망해하며 말했다.

"현조야! 의자 이모부랑 이모에게 드려."

아니나 다를까, 엄마의 말이 떨어지기가 무섭게 아이는 "안 돼"라고 소리치며 의자를 끌어안았다. 그러자 아빠가 큰 소리로 "빨리 안 드려!"라고 아이를 나무랐다. 아이는 꿈쩍도 하지 않은 채 "안 돼. 내 거야"라고 강조하며 아빠를 쳐다보지도 않았다. 네 명의 어른들은 아이 행동에 시선을 모으고 있었다. 이때 이모가 말했다.

"현조야, 이 의자 두 개 다 갖고 싶니?"

아이는 얼른 답했다.

"응."

"그렇구나."

잠깐 짬을 두고 이모가 아이와 눈을 맞추고 다시 말했다.

"현조야, 이모 다리 아야."

이모는 다리가 아프다는 표정으로 아픈 시늉까지 해가며 말했다. 그러자 이모의 표정을 살피던 아이는 "이모 아야?"라고 이모가 한 말을 따라하면서 얼른 의자 두 개를 다 내주었다. 이 광경을 지켜보고 있던 아빠는 흐뭇한 표정이었고 엄마와 이모부는 신기해했다.

현조 이모는 최근에 부모역할 교육을 받고 있었다. 의사소통 방법을 공부한 대로 조카에게 적용해보았는데 성공했던 것이다.

●아이 주장을 억지로 꺾는 것도 비위를 지나치게 맞추는 것도 좋지 않다

 아이가 만 두 살 무렵이 되면 대체로 고집이 생긴다. 흔히 제1반항기라고 하기도 한다. 제2반항기라고 하는 사춘기의 반항이 복잡한 것에 비해 이 시기의 반항은 단순하다.

두 살이 되기 전까지 엄마가 시키는 대로 고분고분하던 아이가 엄마 말을 거부하기 시작한다. 엄마가 "밥 먹자" 하면 "싫어", "옷 입자" 해도 "싫어", "잠자자" 해도 "싫어" 또는 "안 해"로 반응한다. 그런데 아이는 싫다고 해놓고 바로 밥을 먹기도 한다.

이 시기 아이는 엄마의 말에 대한 대답이 '네', '아니오' 두 가지가 있다는 것을 알게 된다. 긍정 외에 부정하는 새로운 방법을 알게 된 것이다. 그래서 새로 알게 된 방법을 써보고 싶은 마음에 '싫어', '안 해'로 부정을 하는데, 이때 엄마의 반응이 아이에게는 흥미로울 수 있다. 자신이 부정하면 엄마가 더 친절해지거나 더 관심을 보여주기도 하기 때문이다. 아이는 엄마의 반응에 따라 그 다음 행동을 결정하면서 인간관계의 기초를 만들어간다. 아이가 시도하는 인간관계의 초기 실험에서 엄마의 대처방법은 매우 중요하다.

아이의 주장을 억지로 꺾는 것도, 아이 비위를 지나치게 맞추려는 것도 적절하지 않다. 현조 이모가 한 것처럼 아이와 인간적인 대화를 시도하는 것이 좋다. 두 살 아이의 인격을 존중하고 아이의 눈높이에 맞추는 대화를 하는 것이다. 어른에게 존중받고 자란 아이는 다른 사람을 존중할 뿐 아니라 다른 사람에게 존중받을 수 있는 어른으로 성장한다.

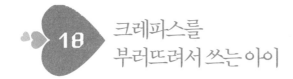

18 크레파스를 부러뜨려서 쓰는 아이

유치원 선생님에게서 방문해달라는 전화를 받았다. 재호 엄마는 재호가 칭찬받을 일을 했나 은근히 기대하면서 선생님을 만나러 갔다. 그러나 예상은 제대로 빗나갔고 선생님은 아이의 잘못을 알려주었다.

"재호가요, 좀 이상한 행동을 해요."

선생님의 말에 엄마는 가슴이 철렁했다.

"크레파스를 동강동강 부러뜨리고 쉬는 시간에는 제가 잠깐 나간 사이 스티로폼을 손으로 다 뜯어서 바닥에 흩뜨려놓은 거예요. 재호가 다른 아이들을 부추겨서 그렇게 하는 걸 봤거든요. 제가 그걸 다 치운다고 얼마나 고생을 했는데요. 바닥에 온통 스티로폼인데 어휴~."

선생님의 얘기를 듣고 보니 아이가 문제아가 된 것같이 느껴졌다. 집에 도착하는 대로 당장 아이에게 "너 왜 그랬니?" 하며 따져 묻고 싶었다. 하지만 그렇게 다그쳐서 해결될 것 같지 않아 엄마는 저녁까지

기다리면서 생각을 정리했다. 그리고 저녁에 아이랑 족욕을 하면서
자연스럽게 얘기를 시작했다.

"재호야, 오늘 선생님이 엄마를 찾으시더라."

"왜요?"

"재호가 유치원에서 스티로폼을 바닥에 흩뜨려놓아서 선생님이 청
소한다고 힘드셨대. 그런데 선생님이 스티로폼 만지지 말라고 하셨다
던데?"

"헤, 그런데 너무 재밌었어요."

"재호는 재미있었겠지만 엄마는 선생님께 많이 미안했어. 엄마 아
들이 선생님을 힘들게 해드렸으니까."

"알았어요, 엄마. 다음에는 안 할게요."

"그래. 그리고 네가 크레파스를 부러뜨렸다고도 하셨어."

"네. 부러뜨렸어요."

"왜 그랬지? 부러뜨리면 작아져서 칠하기 불편할 텐데."

"아니에요. 반으로 부러뜨려서 긴 쪽으로 색을 칠하면 넓은 면을 빨
리 색칠할 수 있어요. 미술 선생님이 가르쳐주셨어요."

"아하! 그렇구나. 엄마가 몰랐네."

"엄마는 안 배웠으니까 몰랐지. 나는 배웠는데."

"빨리 칠하려고 크레파스를 부러뜨렸구나."

"네. 그림 그리는 거 완전 재밌어요. 엄마, 우리 그림 그릴래요?"

"그래, 그러자."

엄마는 아이를 다그치지 않고 참았다가 말한 것이 얼마나 다행스러
웠는지 가슴을 쓸어내렸다.

● 같은 상황에 대해서 서로 다른 견해를 가질 수 있다

 퇴계 선생은 "큰 칭찬이 회초리보다 훨씬 낫다. 내 자식 어리석다 말하지 말라. 좋은 낯빛 짓는 것만 같지 못하다" 고 했다.

아이가 잘못했을 때 야단과 책망을 하면 자칫 아이의 의욕을 꺾게 된다. 아이를 탓하기 전에 무심코 던지는 한마디가 아이의 마음에 상처로 남지는 않을지 생각해봐야 한다.

사람은 자신이 소중한 존재이고 자신이 하는 일이 의미 있고 가치 있는 일이라고 생각할 때 강렬한 열정과 몰입의 에너지가 솟아난다. 열정과 집중력을 가지고 열심히 하다 보면 잘하게 되고 잘한다는 칭찬을 들으면 자신감이 커져 더 잘하게 된다.

동일한 사실에 대해서도 보는 사람의 견해에 따라 좋은 일이 되기도 하고 나쁜 일이 되기도 한다. 미술 선생님은 크레파스를 반으로 부러뜨려서 넓은 면을 빨리 칠하라고 했고, 유치원 선생님은 크레파스를 동강내어 망가뜨린다고 했다. 어느 선생님의 견해가 절대로 맞고 틀리다기보다, 같은 상황에 대해 서로 다른 견해가 있을 수 있다는 것을 인정해야 한다. 서로 다른 견해 중 상황에 따라 좀 더 적절한 것과 그렇지 않은 것으로 구분할 수는 있다.

재호 엄마는 유치원 선생님의 얘기만 듣고 아이를 꾸중하는 실수를 하지 않았다. 아이 생각을 듣고 아이 스스로 행동을 결정할 수 있도록 지혜롭게 대처한 것이다.

19 지우개로 찰흙을 만드는 아이

초등학교 1학년 재성이의 필통에 지우개가 잘게 쪼개져 있었다. 그것을 본 엄마가 아이에게 말했다.

"재성아, 필통 안에 지우개가 다 쪼개져 있네?"

"히히."

아이는 멋쩍은 듯 웃었다.

"지우개가 왜 쪼개졌지? 지우개가 아프겠더라."

"찰흙."

아이 말의 의미를 알 수 없었다.

"응? 찰흙이 무슨 말이야?"

"지우개를 쪼개서 문지르면 가루가 나와. 자꾸만 조물락조물락 하면 보들보들해요. 계속하면 찰흙이 돼요."

"아하! 그 말이구나. 그래서 지우개를 따 쪼개놓은 거구나."

"네. 잘 만들어지는 지우개가 있어요. 내가 알아요. 딱딱한 지우개는 잘 안 되고 부드러운 지우개는 잘 만들어져요."

"그런데 그 찰흙으로 뭘 만들 수 있는데?"

"새알요. 새알을 만들 수 있어요. 나 잘 만들어요."

"새알?"

"작게 동글동글하게 만들면 재밌어요."

"다른 친구들도 그렇게 만들어?"

"아니요. 우리 반에서 나만 그렇게 만들어요."

"그런데 그렇게 하면 교실 바닥이 지저분해질 것 같은데?"

"좀 그렇긴 하지만요, 괜찮아요. 다 쓰레기통에 버리면 돼요. 미니 청소기도 있구요. 빗자루랑 쓰레받기랑은 용돈으로 내가 샀어요."

"그래도 재성이가 미처 치우지 못하면 선생님이 싫어하실 텐데."

"아뇨, 선생님이 청소해라 하시면 미니 청소기로 쓱쓱 하면 돼요."

"그래, 청소는 그렇게 하면 되겠네. 그런데 지우개는 찰흙보다 비싸게 사야 하니까 지우개 값이 아까운걸."

"그러면 엄마, 찰흙 사주세요. 찰흙으로 새알 만들게요."

"그래, 그러자꾸나."

● 자애로움으로 가르치는 것도 좋다

부모는 엄격해야 할 때 엄격하고 자애로워야 할 때 자애로워야 한다. 전통적인 교육관은 '엄부자모嚴父慈母'이지만 현대 가정에서는 '자부엄모慈父嚴母'가 더 많아졌다. 엄격한

77

것과 자애로운 것이 대립되는 개념은 아니지만 양립하기가 쉽지는 않다. 그러니 부·모 한 쪽씩 분담하는 방법이 '엄부자모'이거나 '자부엄모'이다. 지식을 가르치는 사람에게는 엄격한 태도가 중요하고 좋은 심성을 닦아주기 위해서는 자애로운 태도가 중요하다.

사회의 변천에 따라 '부'와 '모'의 역할도 변할 수 있다. '엄부자모'가 '자부엄모'로 변하는 것도 자연스러울 수 있다. 부와 모가 각각 어느 역할을 하느냐보다 더 중요한 것은 서로 조화롭게 역할을 하는 것이다. 엄격하기와 자애롭기가 상황에 따라 조화롭게 이루어질 때 아이의 성장도 조화를 이룰 것이다. 부모가 함께 엄격하기만 하거나 자애롭기만 하다면 아이는 균형 잡히지 않은 성장을 할 수밖에 없다.

엄격하기와 자애롭기의 역할을 부와 모가 분담해서 한 가지씩 할수도 있지만 부와 모가 두 가지 역할을 다 할 수도 있다. 즉 한 사람이 때에 따라 엄격하고 또 자애로울 수도 있다는 말이다.

멀쩡한 지우개를 쪼개고 가루를 만든 아이의 행동은 엄마 눈에는 문제행동으로 보인다. 아이와 눈높이를 맞추지 않으면 엄격하고 단호하게 가르쳐야 할 문제다. 그러나 재성이 엄마처럼 자애로운 대화를 통해서 아이 스스로 행동을 고치게 하는 방법이 더 좋다. 물론 잘못된 행동의 종류에 따라서 엄격하고 단호하게 가르쳐야 할 필요도 있다.

20 숨 한번 고르고 말하기를 선택한 엄마

영민이 엄마는 중학교 교사다. 초등학교 2학년생인 영민이는 이틀 후에 있을 자기 생일에 관한 일을 귀가 전인 엄마에게 계속 전화해서 이것 저것 물어봤다.

"엄마, 다영이 초대해도 돼?"

"엄마, 재영이 초대해도 돼?"

"엄마, 그럼 세영이는?"

일과 후 학년회식을 하던 중에 전화를 받고 "응, 응" 하다 보니 가족끼리 저녁이나 먹으려던 계획이 열 명 정도의 친구를 초대하는 예상치 않았던 생일파티로 바뀌었다. '그래 예산 좀 초과하면 어때. 그나저나 어디서 하지?'라는 생각을 하며 아홉 시쯤 집에 들어갔다.

아빠랑 TV를 보고 있던 아이는 엄마를 보자마자 "엄마, 나 생일 초대카드 써야 돼" 하면서 일어섰다.

"응, 지금 쓰려고? 너무 늦지 않았나? 쓰고 싶으면 쓰렴."

씻고 둘째를 재우고 집안일을 좀 하고 나니 어느새 열 시가 넘었다.

"엄마, 나 완성했어, 어때?"

아이가 색깔펜이랑 스티커로 예쁘게 꾸민 생일초대 카드를 보여주었다.

"응, 잘 만들었네, 대단한걸. 그런데 시간이 너무 늦었어. 이제 잘 준비하자."

"아냐, 열 명 초대할 거니까 음, 아홉 장 더 만들어야지."

"뭐?"

피곤한 엄마는 아이를 얼른 재워놓고 쉬고 싶었기에 순간 기가 막혔다. 이럴 땐 어떻게 해야 하나? 머릿속으로 별의 별 생각이 들었다.

'얘가 도대체 생각이 있는 거야 없는 거야. 생일초대 카드는 내가 오기 전에 만들었어야지. 친구들을 초대할 생각이었으면 어제쯤 미리 만들었어야 하고, 아니, 이제 한 장 만들어놓고 뭐, 지금 아홉 장을 더 만든다고.'

엄마는 화난 상태로 하고 싶은 말을 아이에게 퍼부을 것인가 말 것인가, 한번 숨을 고르고 생각했다. 그러나 생일을 앞두고 들떠 있는 아이의 얼굴을 보면서 공부한 의사소통법을 떠올렸다. 내가 무엇 때문에 아이를 일찍 재우려고 하는 거지? 그래 한번 잘해보자.

"우리 영민이가 생일초대 카드 만들다 너무 늦게 자면 내일 아침에 늦게 일어날까 봐 엄마는 걱정되는걸."

"그래?"

아이는 내 얼굴을 빤히 쳐다보더니 잠깐 생각하는 듯했다. 그러고는 "알았어 엄마, 그럼 빨리 만들게"라고 했다.

뭐라고, 빨리 만든다고? '그만 만들게'라는 말을 기대했던 엄마에게는 허탈한 대답이었다. 하지만 그 대답을 듣고 나니 더이상 화가 나지 않았다. 아이의 마음이 읽혀진 때문이었다.

엄마는 '아, 영민이는 정말 생일카드를 만들고 싶어하는구나. 그래, 오늘 하루 좀 늦게 자면 어때, 영민이가 이렇게 하고 싶어하는데. 내가 소리 질러서 일찍 재우는 것은 나를 위한 일이지 영민이를 위한 일은 아닌 것 같다'는 생각이 들었다. 한 장을 만들어서 요령을 익힌 아이는 그 다음부터는 속도가 늘어 열한 시가 조금 지나서 생일초대 카드를 다 완성했다.

"엄마, 나 이제 들어가서 잘게."

영민이는 피곤했는지 곧 잠이 들었다.

어휴, 기특한 녀석!

숨 한번 고르기를 하고 말하니 엄마도 아이도 행복하게 하루를 마무리할 수 있었다.

● 꾸중할 것인가 안 할 것인가, 아이 입장에서 생각하자

꾸중을 할 때 중요한 점 하나는 아이를 위한 것인가 어른을 위한 것인가를 생각해보는 일이다. 바람직한 꾸중은 아이를 위한 것이어야 한다. 일찍 자고 일찍 일어나는 것은 좋은 습관임에 틀림없다. 그러나 좋은 습관을 실천하는 데도 융통성은 필요하다. 한번 정한 것은 절대로 지켜야 하는 경직된 태도는 오히려 인간관계나 일상생활에서 불협화음을 만들기 쉽다. 상황에 따라 유연한 태도를 보일 필요가 있다. 아이가 간절히 원하는 것을 한 다음 조금 늦게 자는 것과, 잠자는 시간에 맞추기 위해 하고 싶은 것을 못하게 하는 것, 어느 쪽이 더 지혜로운 선택일까? 꼭 하고 싶은 것을 한 다음 개운한 마음으로 잠자리에 든다면 아이는 숙면을 취할 수 있고 행복한 잠자리를 가질 것이다.

수면의 질은 잠을 잔 절대시간으로 정해지는 것이 아니고, 잠의 양으로 정해진다고 한다. 즉 잠의 깊이와 잠잔 시간에 따라 잠의 양을 면적으로 측정한다고 한다. 그러니 엄마가 아이의 잠자는 시간에 지나치게 연연하기보다 깊은 잠을 자서 잠의 양을 채울 수 있도록 배려하는 것이 더 바람직할 것이다.

영민이는 엄마의 지혜로운 선택으로 간절히 하고 싶은 것을 끝내고 잘 수 있었으니 아마 기분 좋게 깊은 잠을 잤을 것이다.

21 ▸ 밀가루 놀이로
난장판을 만든 아이들

엄마는 오전 내내 많은 시간을 들여 청소와 정리정돈을 해서 집안을 깨끗하게 해놓았다. 그런데 집에 돌아온 초등학교 2학년생 민주와 유치원생 민성 남매는 집 안을 엉망으로 만들어버렸다. 밀가루 반죽에 물감까지 타서 논 까닭에 방바닥과 화장실은 온통 난장판으로 변해 있었다.

엄마는 다시 치울 생각을 하니 하도 속이 상해서 아이들을 혼내주고 싶었다. 그런데 혼낸다고 문제가 해결되는 것은 아니라는 데 생각이 미치자 마음을 고쳐먹기로 했다.

"오랜만에 밀가루 놀이를 해서 즐거웠겠구나?"

아이들은 신이 나서 합창을 했다.

"네, 네!"

"그런데 어떡할까? 어질러진 건 치워야 되겠지?"

"네."

아이들도 상황판단을 할 줄 알았다.

"엄마 혼자 치우는 건 너무 힘들어. 엄마는 부엌일도 해야 하고 세탁기에 있는 빨래도 널어야 하거든."

"엄마 나랑 같이 해요. 화장실 치울게요."

큰아이가 선뜻 나섰다.

"나는 빨래 널 수 있어요."

작은아이도 덩달아 나섰다.

"그래 고맙다. 너희들이랑 같이 하면 엄마가 힘이 덜 들 것 같아. 우리 먼저 방부터 함께 치워볼까?"

아이들은 "네" 하고 합창했다. 그런데 작은아이가 놀라운 말을 하는 게 아닌가.

"우리 엄마는 참 착하고 좋은 사람이야. 다른 엄마들은 밀가루 장난하고 방 어질러 놓으면 화만 내고 혼내줄 텐데 엄마는 좋은 말로 함께 정리하자고 하잖아."

엄마는 두 아이를 꼭 안아주었다.

"엄마는 행복해. 너희들이 있어서."

어지럽혀진 집은 아무런 문제도 아니었다. 치울 걱정도 전혀 문제가 안 되었다.

● 화를 낸다고 상황이 바뀌지 않는다면 효과적인 다른 방법을 찾자

 아이들은 시도 때도 없이 문제를 만든다. 엄마 입장에서 생각하면 화날 일이 한둘이 아니다. 그렇다고 일일이 화를 내고 아이들을 혼낼 수는 없다. 물론 엄마도 사람이고 인간적으로 힘들 때는 화를 낼 수도 있다. 화가 날 때, 아이를 야단치고 싶을 때 잠깐 다음 문제를 생각해볼 수 있다면 화를 내는 횟수를 줄일 수 있을 것이다. 우선 이 문제를 해결하는 방법으로 화를 내는 것이 효과적일까를 생각해본다. 화를 내는 것보다 더 좋은 방법이 있다면 그 방법을 찾아보자. 그리고 화를 내면 자신의 건강에 나쁜 영향을 미칠 뿐 아니라 아이와의 관계를 손상시킨다는 점을 생각해보자. 이러한 생각을 할 여유가 있다면 대부분의 문제에서 화내는 방법이 아닌 다른 방법을 찾으려고 할 것이다.

그런데 문제는 화가 많이 났을 때 이성적으로 생각할 힘이 없다는 것이다. 사람마다 문제에 따라 이성이 마비되는 정도의 차이가 있다.

민주, 민성 남매의 엄마는 집 안을 난장판으로 만든 아이들을 혼내주고 싶었지만 그러지 않았다. 아이들을 혼낸다고 집 안이 깨끗해지지 않는다는 것을 알기 때문이다. 엄마가 아이들과 함께 청소를 하기 위해서 대화를 한 것은 잘한 일이다. 엄마에 대한 고마움을 느낀 아이들은 적극적으로 청소를 할 것이다. 엄마의 태도 변화로 세 사람은 행복해졌다.

22 학원으로 전화해서 야단친 동네 언니

초등학교 3학년생인 큰딸 지윤이가 학원에서 돌아온 후 울먹이는 목소리로 "엄마! 어떤 중학생 언니가 학원으로 전화해서 나를 막 야단 쳤어. '너 인생 그렇게 살지 마. 거기 있던 사람들은 다 바본 줄 알아? 다음부터 그런 일 있으면 선물을 내 놔' 그랬어"라고 하면서 분한 마음을 감추지 못했다.

엄마도 떨리는 가슴을 진정하느라 애를 썼다. 일부 청소년의 과격한 언행에 대해서는 매스컴을 통해 익히 들어왔던 터라 어떻게 대처해야 할지 긴장되고 걱정스러웠다.

사건의 원인은 일주일 전쯤 지자체가 주관하는 주민음악회에서 생긴 일 때문이었다. 행사 중간에 퀴즈를 맞히면 선물을 주었고 지윤이는 사회자의 지목에 따라 퀴즈를 맞히고 선물을 받았다. 아이가 선물을 받아서 자리로 돌아왔을 때 근처에 있던 중학생이 선물을 내놓으

86

라고 했다. 중학생은 자기 동생이 지목을 받았는데 잘못되었다고 했고 지윤이는 그렇지 않다고 주장해서 선물을 넘겨주지 않았다. 실랑이를 눈치 챈 사회자는 그 아이에게도 선물을 주어서 잘 마무리가 되었다. 약간의 거리를 두고 작은아이와 함께 앉아 있었던 엄마는 그날의 상황을 지켜봤던 터라 잘 알고 있었다. 그리고 그 사건은 그동안 잊고 지냈는데 다시 문제가 된 것이다.

엄마는 중학생에게서 위협적인 말을 듣고 무서워하는 아이를 그냥 내버려둘 수는 없었다. 아이의 친구를 통해 전화한 중학생의 집 전화번호를 알아냈다. 무슨 말부터 할까, 어떻게 대화를 할까, 충분히 생각하고 정리한 다음 기도하는 마음으로 전화를 했다.

"좀전에 우리 아이에게 음악회 일 때문에 전화했니?"

"저 오늘 전화한 일 없는데요."

"아줌마가 야단치려는 게 아니야. 혹시 오해가 있다면 풀어야 할 것 같아서 전화했단다. 그날 사람이 너무 많고 복잡해서 우리 아이랑 네 동생이 서로 착각할 수도 있었을 거야. 비슷한 옷을 입고 있었으니까 각자 지목 당했다고 생각했는지도 몰라. 그런데 네 동생도 선물을 받게 되어서 아줌마는 잘됐다고 생각했어. 그 일로 네가 우리 애한테 전화한 이유가 궁금해. 말해줄 수 있겠니?"

"저는 중학생이 얘기하는데 감히 초등학생이 말을 듣지 않아서 무시하는 것처럼 느껴졌어요."

"아 그랬구나. 네 말을 따르지 않아서 무시 당한다고 느꼈구나. 그런데 우리 아이는 자기가 받은 선물을 뺏기고 싶지 않아서 그랬을 거야. 너는 기분이 상해서 그렇게 느낀 거였을 테고."

"네."

"오해했다면 서로 풀었으면 좋겠구나."

"네. 됐어요."

"아줌마가 한 가지 부탁할게. 우리 아이가 지금 속상해하는데 좀 달래줄 수 있겠니?"

"지금 숙제해야 해서 바쁜데⋯⋯. 바꿔주세요."

"부탁을 들어줘서 고마워."

전화를 바꿔주자 아이는 "응 응"하더니 "안녕" 하고 수화기를 내려놓았다.

"언니가 뭐라고 했니?"

"많이 속상했니? 그리고 언니가 미안하다, 그랬어."

아이는 밝은 표정으로 공부한다며 자기 방으로 들어갔다.

엄마는 긴장했던 마음이 사라지고 안도감이 온 몸에 전율처럼 흐르는 것을 느꼈다. 그리고 생각했다. 만일 의사소통 공부를 하지 않았다면 이렇게 성공할 수 있었을까 하고. 아마 그 학생에게 잘못을 지적해서 야단치고 훈계했을 것이다. 그러면 2차, 3차 가지를 쳐서 우리를 곤란하게 하고 괴롭혔을지도 모르는 일이다.

엄마는 그 학생도, 아이도, 자신도 그 누구도 마음 다치지 않고 그 일을 마무리한 자신을 칭찬하고 싶었다.

●배움이 있고 생각이 있으면 안전하게 답을 얻는다

"삶을 배우려면 일생이 걸린다"라고 세네카가 말했다. 아이를 잘 키우고 좋은 부모가 되기 위해서도 일생을 통해서 배워야 할 것 같다. 아이가 성장하는 단계에 따라서 꾸준히 공부를 하는 부모가 있는가 하면, 아이를 키우는 데 왜 공부를 해야 하느냐고 말하는 부모도 있다. 자신의 방법과 생각을 과신하고 나름대로 키우면 된다고 하는 부모다. '부모로 살아가는 사람이 이 세상에서 해야 할 일 중 가장 가치 있고 어려운 일이 좋은 부모가 되는 일'이다.

흔히 '배움은 위대한 것이다'라고 한다. 그렇다면 좋은 부모가 되기 위한 배움은 더욱 위대한 것이 아닐까. '배우기만 하고 생각이 없다면 얻음이 없고, 생각만 하고 배움이 없으면 위태롭다'. <논어>에 있는 말이다.

청소년기의 아이들은 지적이고 똑똑한 부모보다 친절하고 상담자적인 부모를 더 원한다. 자신의 말에 귀 기울이는 사람을 믿고 의지하기 때문에 자신의 말을 잘 들어주는 사람이 자신을 이해한다고 생각한다. 따라서 청소년기의 아이와의 대화에서는 아이의 말을 끝까지 잘 들어주는 것이 중요하다.

지윤이 엄마는 배운 것을 잘 생각하고 적용해서 지혜롭게 대처했다. 지윤이도, 중학생 언니도 각자 자기 입장에서 생각하고 오해했던 일을 엄마가 대화로 잘 풀었다.

많은 인간관계에서 물질보다 오히려 감정 때문에 미워하고 힘들어하고 반목하는 경우가 많다. 중학생의 동생도 선물을 받았기 때문에 그 학생이 화를 낸 이유는 감정적으로 자존심이 상해서였다. '중학생이 얘기하는데 감히 초등학생이 듣지 않아서 무시 당한 느낌을 받았다'고 했다.

사춘기 아이들은 감정통제가 매우 어렵다. 특히 무시 당한 느낌은 아이를 많이 자극한다. 감정이 격한 중학생의 전화를 받은 아이는 무서워서 많이 놀랐을 것이고 아이 나름대로 억울했을 것이다. 아이 말을 듣고 엄마도 가슴 떨렸다. 그런데 엄마는 섣불리 감정적으로 대처하지 않고 신중히 생각한 다음 이성적으로 대처했다. 배움도 있었고 생각도 있었기 때문에 결과적으로 큰 것을 얻었다. 세 사람 모두 서로를 이해한 까닭에 마음의 평화를 얻은 것이다.

23 우리 집은
수도요금이 너무 많아

　초등학교 3학년생인 예은이는 화장실에 씻으러 들어가면 나올 생각이 없어 보였다. 샤워할 때는 말할 것도 없고 머리 감을 때나 이 닦을 때도 물을 틀어놓고 잠그지 않아서 물 낭비가 심했다. 그래서 엄마와 딸은 거의 매일 실랑이를 벌였다.

　아이가 화장실에 들어가면 엄마는 신경이 곤두서서 참견을 했다.

　"너 빨리 안 나와!"

　"물 좀 아껴 써라!"

　"계속 물 틀어놓고 있잖아!"

　"왜 그렇게 머리를 오래 헹구니!"

　"아예 화장실에서 살아라!"

　그러나 엄마 혼자 속상해서 안달할 뿐 아이의 행동은 전혀 바뀌지 않았다.

어느 날, 아빠가 퇴근길에 아파트 관리비 용지를 갖고 왔다. 용지를 꼼꼼히 살피던 엄마는 수도요금이 많이 부과된 것을 보고는 남편과 아이 앞에서 놀란 표정으로 말했다.

"아니, 수도요금이 이렇게 많이 나오다니. 예은이도 보고 당신도 한 번 보세요."

엄마는 용지를 두 사람 앞에 내밀어 보였다.

"다른 집보다 우리 집이 물을 많이 쓰나봐. 예은이가 특히 화장실에서 물을 많이 쓰지?"

용지를 살피던 아이는 놀란 토끼 눈을 하고 말했다.

"진짜 수도요금이 많네?"

"그렇지. 아껴 쓰면 반으로 줄일 수 있을 거야."

엄마는 전체 관리비의 내역과 가족의 생활비에 대해서도 아이에게 알아듣도록 설명했다. 그랬더니 아이는 결심한 듯 "엄마, 나 이제 물 아껴 쓸 거야"라고 하는 게 아닌가. 물 쓰는 습관이 쉽게 바뀌지야 않겠지만 아이의 결심을 듣는 것만으로도 엄마는 흐뭇했다.

"우리 예은이가 물을 아껴 쓴다니까 엄마 마음이 편안해지네."

● 잘한 것을 잘했다고 말해주는 것만으로도 아이는 변한다

다음은 서울대학교 심리학과와 EBS 방송이 공동연구한 실험이다. 6~7세 아이와 엄마가 짝이 되어 경기를 했다. 아이는 눈을 가리고 바닥에 있는 공을 집어서 엄마가 들고 있는 바구니에 던져 넣는 경기였다. 일정한 시간이 지난 후 많이 넣은 팀과 적게 넣은 팀과의 차이를 비교했는데, 두 팀의 공의 수가 두 배 이상 차이가 났다.

많이 넣은 팀의 엄마들은 긍정적인 태도를 보였다. 아이가 공을 넣는 동안 "옳지", "그래", "잘했어", "잘한다", "좋았어", "됐어" 등으로 말했다. 반면 적게 넣은 팀의 엄마들은 부정적인 태도를 보였다. "아니 아니", "뒤로", "앞으로", "옆으로", "틀렸어", "그러지 마" 등으로 말했다. 엄마의 긍정적인 메시지와 부정적인 메시지가 갖는 의미의 차이는 참으로 컸다. 아이를 인정하고 믿어주는 말은 아이를 더욱 성공하게 했고, 아이를 질책하고 꾸중하는 말은 아이를 더욱 실패하게 했다.

엄마가 믿어준다는 느낌만으로도 아이는 힘이 생기고 안정감을 찾는다고 한다. 또 잘한 것을 잘했다고 말해주는 것만으로도 사람은 변한다고 한다. 적절한 칭찬은 자신감과 사기를 높이기 때문에 아이의 훈육에 바람직한 방법이 된다.

엄마 눈에는 아이의 단점이 유난히 잘 보인다. 걱정스러운 마음에 단점을 지적하고 고치라고 하게 되는데 그럴 경우 자칫하면 자신에 대한 부정적인 이미지를 갖게 되고 죄책감까지 느낄 수도 있다.

예은이 엄마는 관리비 용지를 통해 효과적인 교육을 했다. 아이의 나이에 맞게 현실적인 이야기를 해서 경제관념을 심어주고, 합리적인 생각을 키워 나가도록 하는 방법은 바람직하다.

24 운전하는데
차 안에서 떠드는 아이들

아이들을 태우고 장거리 운전을 할 때 부모들이 흔히 겪는 어려움이다. 두 아이를 태우고 있으면 어려움이 더욱 크다. 아이들끼리 장난을 치고, 다투고, 시끄럽게 한다. 긴 시간이 지루해지면 운전하는 부모를 귀찮게 하고 방해하기도 한다.

한 엄마는 장거리 여행 중에 생긴 다음과 같은 경험을 얘기했다.

초등학교 4학년과 2학년생 두 아들을 태우고 부부는 서울에서 강원도로 가는 길이었다. 운전하는 데 방해받지 않고 안전하게 여행하고 싶은 부모의 마음도 모른 채 뒷자리에 앉은 아이들은 끊임없이 말썽을 피우고 문제를 일으켰다. 조용히 하라고 여러 차례 주의를 주고 알아듣게 타일렀지만 그것은 잠시뿐, 아이들은 금세 말썽을 피우곤 했다. 더이상 참기 어려워진 부모는 궁여지책으로 극약처방을 하고 말았다. 산모퉁이를 앞에 두고 국도변에 차를 세운 후 두 아이를 강제로 차에서 내리게 했다. 당황해하는 아이들을 두고 부모는 산모퉁이를 돌아 아이들이 보이지 않는 위치에 차를 세워놓고 있었다. 한참 후 두 아이는 헐레벌떡 뛰어서 부모가 있는 곳까지 쫓아왔다. 많이 놀란 듯 한 아이들의 표정을 보고 부모의 마음도 조금 아팠다고 했다.

● 힘으로 아이를 통제하면 곧 한계에 부딪칠 수밖에 없다

 아이가 잘못했을 때 부모들은 대체로 처음에 말로 타이르고 주의를 준다. 그러다 말로 해결되지 않으면 행동으로, 힘으로 밀어붙이기도 한다.

아들만 키우는 엄마들에게서 듣는 말이다.

"아들 둘 키우다 보면 저절로 억세지게 돼 있어요."

"교양 있는 엄마가 되는 것은 물 건너 갔어요."

"왈패 엄마가 따로 없다니까요."

거칠고 억센 아들을 키우면서 엄마가 아이들과 힘으로 승부를 낼 수는 없다. 아이는 세월이 갈수록 힘을 키워 가는 존재이고 엄마는 그 반대다. 힘으로 해결하다 보면 언젠가는 힘의 한계에 부닥칠 수밖에 없다.

미국에서 일반화되어 있는 통계에 의하면 평균 16세가 되면 아이와 부모는 힘이 같아진다고 한다. 16세 이전에는 부모의 힘으로 아이를 통제할 수 있지만 그 이후가 되면 아이는 부모의 힘에서 벗어난다고 한다. 부모가 자신의 힘이 완전히 소진될 때까지 힘을 쓰는 것은, 자신 이 벗어날 수 없는 함정을 파고 그 안에 갇혀 벗어나지 못하게 되는 것과 무엇이 다르겠는가? 지혜로운 부모라면 힘의 함정이 더 깊어지기 전에 스스로 그 함정에서 벗어나야 할 것이다.

엄마는 아이들에게 막강한 힘을 썼고 그래서 아이들에게 공포심을 느끼게 해 문제를 해결하려고 했다. 긴 시간이 아니었어도 아이들은 부모에게서 버림받은 소외감과 부모를 잃어버릴 수도 있다는 공포를 느꼈을 것이다.

그러나 두 아이가 초등학교 4학년과 2학년생으로 어느 정도 성장했기 때문에 공포의 정도는 덜 했으리라 짐작된다. 만일 유년기의 아이들에게 이러한 벌을 세운다면 공포로 인한 상처가 심각할 수도 있다. 또 그 이상의 나이라면 이미 벌로 통하지 않을 수도 있다. 엄마 아빠가 자기들을 버리고 가지 않는다는 것을 알기 때문에 헐레벌떡 뛰기는커녕 그 자리에 앉아서 버티고 있을지도 모른다. 결국은 엄마 아빠가 아이들을 데리러 되돌아올 수밖에 없을 것이다. 이렇게 되면 부모의 힘만으로는 아이를 통제하기 어려워진다.

25 가게 일에, 설거지, 빨래, 청소 등
할 일이 너무 많은 엄마

중학교 2학년, 초등학교 6학년생 두 딸을 두고 있는 엄마는 스스로 권위적인 엄마였다고 했다. 부모에게 순종하는 아이들로 키우기 위해 권위로 다스렸고 필요하다고 생각될 때는 매를 들기도 했다.

그런데 아이들이 사춘기가 되면서 엄마는 자신의 방법에 문제가 있음을 알게 되었다. 엄마는 자신과 아이들을 위해 새로운 방법을 공부했다.

어느 날 가게에서 늦게 일을 마치고 집에 돌아온 날이었다. 집에는 설거지며 빨래, 방청소 등 할 일이 쌓여 있었다. 일거리를 보는 순간 엄마는 아이들과 남편에 대한 원망으로 짜증이 났다. 늘 해오던 것처럼 "엄마가 이 집의 하녀인 줄 아니?"라는 말이 튀어 나올 뻔했지만 가까스로 감정을 조절하고 배운 대로 말했다.

"엄마가 지금 너무 피곤해. 가게 일이 많았거든. 그런데 설거지도

해야 하고 빨래도 개켜야 하고 방 청소도 해야 하고……."

엄마 말이 채 끝나기도 전에 두 아이는 할 일을 찾아 일을 시작했다. 작은애는 설거지, 큰애는 빨래정리를 시작했고 아이들을 지켜보던 아빠는 방을 치우기 시작했다. 삽시간에 집안 일이 끝났고 엄마는 화를 내지 않고 문제가 해결된 것이 매우 만족스러웠다.

그 이후 엄마는 나름대로 새로운 방법을 실천하려고 노력했지만 모든 문제가 하루아침에 해결될 수는 없었다. 그래서 가끔 약간의 경고성 발언을 하기도 했다.

"엄마가 옛날 방법대로 할까?"

그러면 두 아이는 합창이라도 하듯 "싫어요"라고 답했다. 엄마는 진심을 담아서 아이들에게 도움을 요청했다.

"엄마는 배운 대로 실천하고 싶어. 그러기 위해서는 너희들 도움이 필요해."

그러면 아이들은 마치 기다렸던 것처럼 예쁜 행동을 했다. 요즘 엄마 아빠와 두 딸은 서로의 달라진 모습을 보면 행복하다.

● 아이를 비난하기보다 엄마의 힘든 점을 솔직히 말하자

"이 세상의 모든 부모들은 다 권위적이다"라는 말이 있다. 엄밀하게 말하면 틀린 말이다. 모든 부모가 다 권위적일 수는 없다. 가끔 그렇지 않은 부모도 있게 마련이다. 그럼에도 불구하고 이 말이 일반적으로는 맞는 말이라고 한다. 부모는 부모라는 사실만으로 당연히 권위적이어야 한다고 생각하기 때문이다.

20여 년 전 부모 역할에 대한 강사 교육을 시키기 위해 우리나라에 왔던 미국의 한 국제 강사는 미국의 부모들이 너무나 권위적이어서 문제라고 여러 번 언급했다. 그럴 때마다 교육에 참가 중인 우리나라의 부모들은 민망해서 웃곤 했다. 한국의 부모들은 미국 부모들보다 더 권위적이라고 생각했기 때문이다.

그 강사는 민주주의가 발달한 미국 사회에서도 대부분의 부모들은 자녀에게 권위적으로 군림한다고 했다. 대부분의 부모들은 민주주의에 대해 교과서적인 개념만 이해할 뿐 실천하는 민주주의, 특히 가정 안에서 민주주의를 실천하는 방법에 대해 잘 모른다. 또 권위적인 부모의 개념이나 문제점을 잘 모르기 때문에 고쳐야 할 필요성도 느끼지 못할 수 있다.

아이가 중학교 2학년, 초등학교 6학년이 될 때까지 권위적으로 살아온 엄마가 비로소 민주적인 엄마가 되기를 시도하고 있다. 아이들이 많이 컸기 때문에 엄마가 변화되는 과정에서 어려움에 부딪힐 수 있으나, 둘 다 딸이기 때문에 아들인 경우보다는 어려움이 적을 수 있다.

엄마의 경고성 발언에도 아이들이 잘 따라주는 것으로 볼 때 지금까지 좋은 관계를 유지해왔다고 본다. 그리고 엄마가 힘들 때는 아이들에게 도움을 요청하는 것도 좋은 방법이다. 진심을 담아서 하는 말은 그 힘이 클 수밖에 없다.

"엄마가 더 잘하기 위해서 너희들의 도움을 받고 싶단다."

26 할인매장에 인라인 스케이트를 타고 가려는 아이

"아빠는 엄마가 착하고, 예쁘고, 부자라서 프러포즈했지?"

저녁상을 물린 뒤 아이들과 간식을 먹는 자리에서 불현듯 큰애 현주가 아빠에게 던진 말이다.

"맞아 맞아. 우리 엄마는 개그맨이잖아."

둘째 딸 현영이도 덩달아 맞장구를 친다.

"이게 무슨 소리야?"

두 딸애의 엄마에 대한 애정공세에 남편이 놀란 듯 시샘을 한다.

"기분 좋네."

돈 관리를 엄마가 하니 아이들 눈엔 엄마가 부자일 수밖에. 초등학교 2, 3학년생인 딸아이들의 후한 평가가 과히 기분 나쁘지 않다.

어려서부터 연극이며 영화며 골라서 보여주고, 제과제빵 배워서 아이들이 즐겨먹는 피자, 스파게티, 영양빵, 케이크를 만들어 먹이고,

'놀이터 공주들'이라는 별명이 붙을 정도로 밖에서 뛰어놀게 하고, 시도 때도 없이 '공부해라 공부해라' 다그치지도 않고, 게다가 '친구 같은 엄마', 아이를 웃기는 '개그맨 엄마'로 인정받으니 아이들 눈높이에선 분명 좋은 엄마다.

무언가를 시킬 때도 명령형보단 권유형으로 하는 게 좋은 화법이라는 생각에 평소 '~하자'며 강압적인 언사를 자제하며 매사 노력하는 엄마라 자부해왔다. 그런데 아이들이 커가면서 자기주장이 강해지고 회초리를 이용하여 체벌을 가하는 횟수가 많아지면서 엄마는 점점 회의감이 쌓여만 갔다.

엄마의 일방통행식 언행에 아이들의 반응이 무뎌지는 걸 보면서 아이들과 의사소통을 잘해야 할 필요성을 느꼈고, 사촌언니의 소개로 부모 역할에 대한 공부를 하게 되었다.

'열심히 배워보자' 스스로 다짐하고 '엄마의 노력하고 변하는 모습을 보여주겠노라'고 가족과 약속하고 나니 일상생활 속의 말과 행동이 더 조심스러워졌다. 처음 시작할 땐 화만 내지 않으면 되는 줄 알았다가 참다 보니 오히려 화가 치솟아 체벌을 가하고 나서 후회하는 시행착오도 자주 있었다.

할인마트에 쇼핑을 가기로 약속한 어느 날 저녁, 남편은 피곤하니 얼른 다녀오자며 서둘렀다. 현주가 인라인스케이트를 타고 가겠다고 해서 승낙을 했더니, 현영이도 신겠다고 고집을 피우는 걸 남편이 신지 못하게 했다.

"왜 언니는 신게 하면서 나는 안 돼?"

"정신없으니까 신지 마라."

"언니도 신었잖아."

"너 그거 신으면 차 못 타게 할 거야, 둘 다 안 돼."

남편과 현영이가 실랑이를 벌였지만 결국 현영이는 인라인스케이트를 신고 차에 올랐다. 남편은 운전이 거칠어지면서 화를 버럭 냈다.

"너희 둘 다 내려!"

"싫어!"

그때 엄마는 매장 안에서는 그 신발을 신으면 안 된다는 마트의 방침이 떠올랐다.

"어떡하니, 엄마가 거기서는 못 신는다는 걸 깜박했네. 저번에도 신고 갔다가 슬리퍼를 사서 바꿔 신었잖아. 현영이가 신고 가고 싶은 모양인데, 그럼 오늘은 매장 밖에서 기다리고 있을래?"

"싫어."

현영이가 고집을 부렸다.

"너 계속 고집 부릴 거야?"

아빠 언성이 높아졌다. 현주는 아빠의 반응에 슬그머니 차에서 내리려고 했지만 현영인 버티고 있었다.

"현영아! 아빠가 지금 피곤하신데, 너희랑 같이 가면 빨리 장을 볼 수 없어서 엄마, 아빠가 더 힘들어질 텐데, 어떡하지?"

"……."

"현영아, 언니랑 놀이터에서 타고 놀자."

보다 못한 현주가 동생을 달랬다.

"그래 현영아, 놀이터에서 놀면 되겠다."

엄마도 거들었다.

"그럼 빨랑 올 거야?"

현영이가 따라가려던 마음을 접었다.

"당연하지."

그렇게 애들을 떼놓고 마트로 갔다. 쇼핑을 하고 있는데 아이들에게서 전화가 왔다. 놀다가 집에 들어와서 TV를 보고 있다고 했다. 목소리를 통해 아이들의 서운했던 감정이 사라진 걸 느꼈고, 엄마 마음도 곧 편안해졌다.

● 가족과의 좋은 관계는 바람직한 인간관계의 시작이다

 고등학교에서 상담교사로 오랫동안 재직했던 분이, 학교에서 문제를 일으킨 학생의 부모를 면담하면서 경험하고 터득한 내용을 얘기해주었다.

선생님은 학부모를 만나서 얘기를 들어보면 그 학생의 행동이 앞으로 좋아질 것인지 그렇지 않을 것인지 구별이 된다고 했다.

아이의 문제 행동에 대한 부모의 반응과 태도는 대개 두 종류로 나타난다고 했다.

한 부류의 부모는 아이의 잘못을 받아들이는 태도를 취했다. 부모로서 잘못한 점, 부족했던 점을 인정하고 아이를 사랑과 관심으로 잘 돌보겠다고 하는 부모들이었다. 그러면 선생님은 마음이 놓였고 그 결과는 예상했던 대로 좋게 나타났다.

다른 부류는 아이의 잘못을 인정하지 않으려 하고 물론 받아들이지도 않는 태도를 취했다.

"우리 아이가 그럴 리가 없어요", "친구를 잘못 사귀어서 일시적으로 친구의 꾐에 빠졌어요", "우리 아이는 착한 아이예요"라고 그 부모들은 말했다. 아이의 잘못을 아니라고 부인할 수 없을 때는 "다른 형제들은 말썽 한 번 안 피웠어요", "언니(동생)는 착하고 공부도 잘해요", "어쩌다 우리 집에 이런 애가 생겼는지 모르겠어요"라고 아이를 원망했다고 했다.

선생님 말을 제대로 들으려고도 하지 않고 계속 방어적인 태도를 취하는 부모를 보면 답답하고 안타까웠다. 아이의 앞날이 걱정되고 염려되었기 때문이다. 그리고 역시 그 결과는 여전히 바뀌지 않은 아이의 행동으로 나타났다고 선생님은 말했다.

부모가 자녀를 있는 그대로 인정하고 사랑하는 것은 화목한 가족의 출발점이다. 부모에게 인정받고 사랑받는 아이는 자신을 사랑하게 되고 그것은 좋은 행동을 하게 되는 충분한 조건이 된다.

행복한 가정에서 자란 아이는 대체로 정서적으로 안정되어 있을 뿐 아니라 성취도 또한 높다고 한다. 현주, 현영이와 엄마 아빠가 서로 화합하는 모습이 보기 좋다.

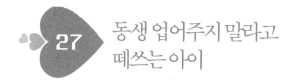

27 동생 업어주지 말라고
떼쓰는 아이

선우는 네 살이고 지우는 세 살이다. 지우 엄마는 자다 깬 아이를
업고 달래주고 있었다. 형은 그게 못마땅해서 동생 엉덩이를 꼬집고
내리라고 징징거려서 엄마를 힘들게 하고 있었다. 엄마가 "그러지 마"
라고 말하며 피해도 선우는 계속 쫓아다니며 괴롭히고, 지우는 업힌
채 울고 있는 상황이라 꽤 힘들고 난처했다. 옆집 엄마는 선우를 안으
면서 아이를 이해하는 마음으로 말했다.

"선우야, 엄마가 지우 업어주는 게 싫구나?"

"응. 싫어. 안 돼."

"안 된다고? 왜 안 되는데?"

"선우 엄마야. 지우 엄마 아니야."

선우는 떼를 쓰고 있었다.

"선우 엄마가 지우 업어줘서 싫구나."

옆집 엄마는 아이 입장에서 생각하고 아이 마음을 받아주었다.

"엄마는 지우만 업어줘."

아이의 태도가 조금 누그러진 듯했다.

"지우만 업어줘서 싫었구나."

"응."

이제 아이와 대화가 될 것 같다는 생각을 하면서 옆집 엄마는 말했다.

"선우는 형이고 지우는 아기지?"

"응. 맞아."

선우는 순순히 대답했다.

"선우는 밥도 혼자 먹고 쉬도, 응가도 혼자 하잖아. 그런데 지우는 못 하지?"

"응. 지우는 아기라서 못 해. 우유 먹어."

말이 잘 통했다.

"지우도 형아처럼 혼자 할 수 있을 때까지만 엄마가 업어줄 거야."

"응. 알았어."

"와! 선우는 정말 좋은 형아네. 선우 엄마는 멋진 아들이 있어서 참 좋겠다."

엄마와 동생은 이미 선우의 관심 밖이었다. 그리고 옆집 엄마의 아들과 함께 잘 놀았다.

●아이의 행동을 고치려고 하기보다 이해를 먼저 하자

 카네기는 "상대방에게 자신의 중요성을 느끼도록 만드는 것이 인간관계에서 중요하다"고 했다. 누군가에게 인정을 받으면 자신의 존재 가치가 높아져서 기쁨이 오며 자존감이 높아지게 되고 자신의 가치를 스스로 인정하게 된다.

선우 엄마는 아이의 행동을 이해하려고 하지 않고 고치려고 했다. 엄마 입장에서 아이의 행동이 못마땅했을 것이고 아이를 수용할 여유가 없었을 것이다. 그런데 엄마에게 이해받지 못한 아이가 엄마를 더욱 괴롭히는 것이 문제였다. 네 살 아이에게 엄마가 이해받기보다 엄마가 아이를 이해하는 편이 문제해결을 쉽게 할 수 있다.

"선우야 그러지 마"는 엄마가 아이에게 도움을 받으려는 메시지다. 엄마가 아이를 이해하고 도와주는 말은 "선우야, 엄마가 지우 업어주는 게 싫구나", "선우도 업히고 싶구나", "지우 업어주지 말고 내렸으면 좋겠어?" 등으로, 아이의 마음을 먼저 읽어주는 것이 좋다. 이렇게 대화를 시작하면 오히려 문제해결이 쉬워진다.

엄마가 하지 못한 것을 옆집 엄마가 대신해서 다행히 쉽게 문제가 해결됐다. 옆집 엄마가 아이를 이해하는 마음으로 안으면서 말했기 때문에 공감대가 형성되었을 것이고 아이는 솔직한 마음을 터놓을 수 있었다. 옆집 엄마와 아이는 대화가 잘 통했다. 이렇게 네 살 된 아이와도 충분히 대화를 통해서 문제해결이 가능하다.

28 아빠가 장난감을 치웠다고 우는 아이

저녁식사 후 유치원생인 큰아이와 엄마는 목욕을 하고 있었고 다섯 살인 세민이는 아빠와 함께 안방에서 놀고 있었다. 그런데 갑자기 세민이가 큰 소리로 울기 시작했다. 아빠의 달래는 말에도 아랑곳하지 않고 울음을 멈추질 않았다. 엄마는 서둘러 목욕을 끝내고 안방으로 가서 어떤 영문인지 남편에게 물어보니 아이가 침대 위에서 갖고 놀던 장난감이랑 책을 치우자 울기 시작했다는 것이다. 엄마는 아이를 달래야겠다는 생각으로 말했다.

"세민이가 많이 속상하구나. 아빠가 장난감이랑 책을 치워버렸지?"

"응. 다시 똑같이 못 만들잖아."

아이의 울음이 잦아들고 있었다.

"아! 아까처럼 똑같이 못 만들까 봐 걱정이 됐구나."

"맞아, 아빠 미워!"

아이는 울음을 그쳤다. 엄마가 아이를 안아주며 "응, 그랬구나. 그래서 아빠가 미웠어?"라고 말하자 아이는 새삼 생각이 난 듯 말했다.

"엄마, 아빠가 안아주다가 갑자기 나를 내려놓았어."

"그랬어? 아빠가 더 오래 안아주지 않아서 그것도 서운했구나?"

"응."

아이의 기분은 회복되었고 잠자리에 들 시간이 가까워졌다.

"세민이는 어디서 잘 거지?"

"침대에서."

엄마가 아이에게 해주고 싶은 말을 할 기회가 되었다.

"세민이가 침대에서 자는데 책이랑 장난감이 그대로 있으면 어떻게 될까?"

"발에 걸리니까 불편해."

아이가 의젓하게 대답했다.

"그래 맞았어. 잠잘 때 불편하겠지? 아마 세민이 불편할까 봐 걱정이 돼서 아빠가 치워주신 걸 거야."

아이가 순순히 대답했다.

"알겠어요."

● 꾸중하지 않고도 아이에게 필요한 것을 가르칠 수 있다

칭찬과 꾸중을 어떻게 할 것인가 하는 문제는 중요하다. 보다 효과적으로 적절한 칭찬이나 꾸중하는 방법을 찾을 필요가 있다. 그런데 칭찬, 꾸중의 방법과 종류를 선택하

는 것보다 먼저 생각해야 할 것이 상황에 따라 칭찬이나 꾸중이 필요한가 필요하지 않은가를 판단하는 일이다. 칭찬하는 것보다 하지 않는 것이 더 나을 때가 있고, 꾸중하는 것보다 하지 않는 것이 더 나을 때도 있다.

아이의 언어적 · 신체적 행동에서 엄마는 아이가 보내는 순간 순간의 메시지를 읽어낼 수 있다. 엄마는 아이가 보낸 메시지를 읽으면서 그 순간 수용과 비수용의 감정을 느낀다. 엄마 마음이 편안하거나 기쁠 때는 아이의 행동을 수용하고 있다. 때로는 평상심을 유지하면서 아이를 이해하는 마음으로 보고 있는 것도 수용하는 상태다. 반면 아이의 행동이 못마땅해서 언짢아지거나 이해하고 받아들이고 싶지 않을 때는 비수용 상태다.

수용과 비수용에 대한 절대적인 기준은 없다. 인간관계는 복잡하고 사람은 각자 다른 기준을 갖고 있기 때문에 '절대로 수용해야 된다' 또는 '절대로 비수용해야 된다'는 정답은 누구도 만들 수 없다. 단지 아이의 상황, 엄마 자신의 상태, 환경조건에 따라 수용과 비수용은 엄마가 결정한다. 엄마가 아이의 행동을 수용하면 꾸중은 할 필요가 없다. 또 비수용하는 행동에 대해서 칭찬하는 것은 정직하지 않기 때문에 부적절하다.

세민이 엄마는 아이를 계속 수용하고 있다. 그래서 꾸중 대신 아이의 마음을 읽어서 도와주었다. 그 결과 아이의 마음이 편해졌고 엄마가 일러주는 말을 순순히 받아들였다. 이처럼 꾸중하지 않고도 아이에게 필요한 것을 가르치고 설득할 수 있다.

제3장

진정한 격려가
아이를 성장하게 한다

이 장에서는 아이들이 힘든 일이나 어려움을 만났을 때 엄마의 진정한 격려를 받고 달라지는 모습에 초점을 맞추었다. 격려는 용기나 의욕을 북돋워서 아이 스스로 힘을 키우도록 돕는 방법이다. 그렇기 때문에 진정한 격려는 아이를 어떻게 만들려고 하는 엄마의 의지나 의도가 들어 있지 않아야 한다. 아이를 있는 그대로 인정하고 존중하는 것이 좋은 격려이다. 아이가 성장하는 힘은 아이 자신에게서 나온다.

29 분만실 입구에서 대성통곡하는 아이

산부인과 분만실에서 근무하는 미혼의 간호사 이야기다. 그녀는 하루에도 여러 명의 아기가 태어나는 병원에서 여러 명의 산모를 동시에 돌보아야 하기 때문에 산모들의 가족에게까지 일일이 신경을 써주지 못할 때가 많다. 산모가 초산이 아닌 둘째나 셋째를 분만하러 오는 경우 첫째나 둘째를 데리고 병원에 오는 경우가 종종 있다. 그리고 아이들은 분만실에 들어갈 수 없다는 말이 끝나기가 무섭게 엄마와 떨어지는 것이 두려워 분만실 입구에서 대성통곡을 하며 울기도 한다. 그럴 때마다 간호사는 이 아이들에게 도대체 어떻게 설명을 해야 상황을 이해시키고 설득시킬 수 있을까 하는 고민을 했다.

아이의 울음을 그치게 하기 위해서는 설득이 최상의 방법이라고 생각해서 울음이 조금이라도 잦아들면 설명하기에 바빴다. 그러면 아이들은 대체로 다시 울거나 더 큰 소리로 울어댔다. 그럴 때면 간호사는 이 아이는 말을 잘못 알아듣거나 이해력이 부족한 아이라고 생각하여 설명하기를 포기하고 함께 온 보호자에게 아이를 데리고 나가 있도록 했다. 그러나 의사소통 방법을 공부한 후로는 그런 아이에게 가장 필요한 것이 설명이나 설득이 아니라 감정을 수용하고 공감해주는 것이라는 사실을 알았다. 그러나 이론을 알긴 했어도 시도하는 것이 쉽지 않았다.

어느 날 분만실 앞에서 우는 아이에게 "엄마와 떨어져서 속상하구나?"라고 감정을 읽어주었는데 아이의 울음은 그치지 않았다. 알고 보니 분만하는 산모들이 소리를 질러서 무서움 때문에 울고 있었던 것이다. 어떤 때는 아이가 가운을 입은 사람만 보면 울어대는 통에 접근도 못 해보고 실패했고 또 다른 경우는 조심스럽게 대화를 시도하려는데 할머니가 와서 아이를 데리고 가버리기도 했다.

그러던 어느 날이었다. 한 산모가 네 살 된 아이를 데리고 둘째를 분만하러 왔다. 남편은 출근을 하고 주변에 돌봐줄 사람이 없어 혼자 아이를 데리고 분만대기실로 들어왔다. 엄마 옆에 앉아서 얘기도 하고 장난도 치던 아이가 엄마의 고통이 심해지는 것을 보면서 점점 더 두려워하는 모습을 보였다. 그때 아이의 마음을 읽어주었으면 더 좋았겠지만 산모의 진행상황을 확인하는 것이 먼저여서 아이를 봐줄 수가 없었다. 그런데 산모의 진행상황을 확인하고 나오는데 급기야 아이가 울기 시작하는 것이다. 그때 공부한 것을 적용해볼 수 있는 기회라는 생각에 아이에게 다가갔다.

"무서웠구나?"라며 먼저 말을 걸었다. 아이는 계속 울었다. 다시 한 번 "엄마가 아파해서 겁이 났구나?"라고 말했다. 그제야 울음이 조금 잦아들었다. 다시 한 번 "엄마가 아플까 봐 걱정되는구나?"라고 말했다. 그러자 아이는 "엄마가 아파서 소리 질러요. 무서워요"라고 말했다. 예전 같으면 엄마가 왜 아픈지 설명을 바로 시작했겠지만 그때는 "엄마가 소리를 질러서 무서웠구나"라고 말했다. 그러자 아이는 다시 한 번 "우리 엄마 많이 아파요"라고 하면서 울음을 그치고 "이제 동생 나오는 거죠? 그래서 아픈 거죠?"라고 했다. 그제야 간호사는 "응, 이제 곧 동생이 나올 거야. 아기가 나오면 엄마는 이제 안 아플 거야"라고 말해주었다. 그러자 아이는 엄마한테 가서 "엄마, 아기가 나오면 안 아파요. 빨리 아기가 나와야 돼요"라고 말하며 다시 엄마 옆에 앉았다.

이 아이는 동생이 태어나는 것에 대해서, 배가 아파야 아기가 나온다는 것에 대해서 엄마를 통해 사전에 들어 알고 있었던 경우였다. 그래서 의사소통이 잘 되었고 쉽게 성공할 수 있었다.

●설득하고 충고하는 것은 아이 입장에서 하는 말이 아니다

'인간은 감정의 동물이다', '인간은 이성적인 존재다'라고 한다. 두 말을 합하면 '인간은 감정의 동물이기도 하고 이성적인 존재이기도 하다'가 된다. 인간은 원초적인 본능인 감정에 따라 움직이기도 하고 고등 정신능력을 가진 존재로서 이성적으로 움직이기도 한다.

'감정 홍수 이론'에 따르면 인간의 감정과 이성은 상호 보완적이다. 평소 감정이 풍부한 사람에게서 덜 이성적인 느낌을 받고, 매우 이성

적인 사람에게서 감정이 메마른 느낌을 받는다. 감정이 치솟고 차오르면 이성이 위축되거나 심하면 마비된다.

감정을 물에 비유해서, 감정이 차서 넘치면 감정 홍수 상태라고 하는데 이때는 이성이 무력해진다. '화'로 대표할 수 있는 부정적인 감정은 물론이고 기쁘고 신나는 긍정적인 감정조차도 홍수상태가 되면 이성을 무력화시킨다. 따라서 감정 홍수 상태에 있는 사람에게는 지적인 능력이나 이성을 기대하는 것이 무의미하다.

옳은 말 맞는 말로 설득하고 충고, 훈계하는 것이 도움이 되지 않는다. 먼저 감정 홍수에서 감정의 수위를 낮춘 다음 이성이 회복되면 옳은 말을 해야 효과가 있다. 감정의 수위를 낮추기 위해서 물꼬를 트는 방법은 '수용'과 '공감'이 가장 좋다고 심리학에서 말한다. 예를 들면 화가 나 있는 사람에게 화를 참으라고 설득, 충고, 훈계할 것이 아니라 화가 난 상태를 받아들이고 그럴 수밖에 없는 상황을 공감해주는 것이다.

간호사는 분만실에 함께 온 아이들에게 수용과 공감의 말을 하고 있다. 다른 사람의 마음을 정확하게 읽어낸다는 것은 쉽지 않다. 그래서 때로는 성공하고 때로는 실패하기도 했다. 다른 사람을 수용, 공감하려는 태도는 우선 그 사람을 존중하는 마음에서 비롯되고 그것은 좋은 인간관계의 기초를 닦는 일이다. 간호사 입장에서 불편하고 힘들다고 꾸중하거나 통제하는 방법과는 근본적으로 차이가 있다. 간호사의 시도가 아름답다.

30 시험 보기 겁나서 학교에 안 가겠다는 아이

초등학교 2학년생인 경규가 어느 날 아침 시무룩한 얼굴로 침대에 앉아 있었다. 엄마는 "왜 그래?" 하고 묻고 싶었지만 잠깐 생각한 다음 "속상한 일이 있나 보구나"라고 말했다.

"응, 학교 가기 싫어" 하고 아이가 대답했다.

"학교 가는 게 싫구나."

엄마는 '앵무새 대화법'으로 아이의 마음을 읽어주었다.

"선생님이 시험 틀리면 곱빼기로 때린댔어. 그러니까 안 갈래."

아이는 그 전날 이미 두 과목 시험을 보았고 틀린 만큼 선생님께 맞았다고 했다.

"시험 못 보면 선생님께 맞을까 봐 겁나는구나" 하면서 아이를 안아주었다. 그랬더니 "나 학교 안 가. 집에서 엄마가 선생님하면 시험 볼래" 하면서 울었다. 엄마는 이럴 수도 저럴 수도 없어 난감하기만 했다. 딱히 답변할 말을 찾지 못해 그냥 아이를 안고 등을 토닥여주었다.

엄마는 갑자기 옛날 생각이 났다. 시험 때문에 학교 가기 싫었던 때가 떠오르자 아이의 마음을 백 번 이해할 수 있었다. 아이가 얼마나 부담이 되고 싫으면 이럴까 생각하니 코끝이 찡해졌다.

아이의 두렵고 불편한 부정적인 감정이 사라지기를 기다리는 마음으로 한참 아이를 안아주다가 아침 식사 준비를 위해 부엌으로 갔다. 엄마는 식사 준비를 하고 상차림을 했다. 그리고 아이 방을 들여다보니 아이는 이미 일어나서 학교 갈 준비를 마치고는 식탁으로 와 동생과 장난도 하며 밥을 먹었고, 아무 일 없었다는 듯 학교에 갔다.

엄마는 놀라운 경험을 했다. 단지 아이의 기분을 알아주기만 했고 어떤 해결책도 제시하지 않았는데 자연스럽게 문제가 해결된 것이다. 이렇게 명쾌한 답을 얻게 된 것이 놀라울 따름이었다.

●엄마의 사랑을 충분히 전달하면 두려움도 사라진다

엄마와 아이가 좋은 관계를 갖는 것은 좋은 말을 하는 것보다 중요하다. 좋은 말을 하는 것은 기술이기 때문에 지속적인 훈련에 의해 형성되고, 좋은 관계는 말을 포함해서 사랑과 관심을 주고받으면서 형성된다. 따라서 아이와의 기본적인 관계에 문제가 있으면 칭찬이나 좋은 말 몇 번으로 성과를 얻기는 어렵다.

아이에게 사랑을 표현하는 방법으로는 말보다 신체적 접촉이 더 효과적이다. 언어적인 것보다 비언어적인 것, 즉 신체언어의 힘이 더 크다는 말이다.

엄마는 속상한 아이에게 적절한 방법으로 사랑을 전했다. 아이를 안아주고 등을 두드려주었다. 또한 아이에게 지시하지 않았다. 그저 할 일을 하면서 아이가 스스로 다음 행동을 하도록 맡기고 기다렸다.

엄마의 사랑과 아이를 이해하는 마음이 엄마 품에 안긴 아이에게 전달되었을 것이다. 엄마의 사랑으로 아이가 시험에 대한 두려움에서 벗어났을 것이다.

우리 아이들은 엄마와 좋은 관계를 맺고 싶어한다. 그래서 좋은 관계를 맺으면 엄마가 원하는 행동을 하려고 한다.

경규는 엄마가 무엇을 원하는지 이미 알고 있었기에 아무 일 없었다는 듯이 학교에 갔고 엄마를 기쁘게 했다. 놀란 엄마가 아침에 미처 해주지 못한 칭찬을 학교에서 돌아온 아이에게 곧바로 해주면 좋을 것이다.

"우리 경규가 아침에 씩씩하게 학교에 가서 엄마는 하루 종일 즐거웠어"라고.

31 작년 한 해 동안 한 얘기보다 일주일 동안 더 많은 얘기를 한 아이

초등학교 2학년생과 다섯 살 된 두 딸 중 큰아이는 동네에서 소문이 자자한 착하고 공부 잘하고 엄마를 생각해주는 아이였고, 작은아이는 약하고 신경질적이고 울기 잘하는 아이였다.

평소 큰아이는 별로 말이 없었고 학교에서 있었던 일도 집에서 얘기하지 않았기 때문에 엄마가 모르고 지나가곤 했다. 가끔 엄마가 대화를 시도하거나 질문을 하는 경우에도 자신의 생각을 말하기보다 엄마가 원하고 좋아할 만한 것으로 대답했다. 그래서 엄마는 아이 마음을 잘 모르고 지내왔다.

어느 날 우연히 생긴 일을 계기로 엄마는 아이 마음을 많이 알게 되었다. 아이와 함께 시댁에 갔을 때의 일이다.

시댁에는 개가 여러 마리 있었고 아이는 개를 무척 무서워했다. 개를 피해 다니는 아이에게 사촌오빠가 짓궂게 강아지 한 마리를 던졌다. 아이는 너무 놀라서 서럽게 울었다. 예전 같았으면, 처음에 달래다가 계속 심하게 울면 "빨리, 뚝 그쳐. 바보처럼 계속 울 거야?"라고 다그치고 꾸중했을 것이다. 그러나 그날은 다행히 엄마가 태도를 바꾸었다. 놀라고 무서워하는 아이를 수용하고 공감해야 한다는 것을 배워서 알고 있었기 때문이다.

"우리 딸 놀랐지?", "얼마나 무서웠니?", "강아지가 겁났구나" 등으로 계속 울고 있는 아이의 마음을 읽어주었다. 엄마에게 이해받는다고 느낀 아이는 더 서러운 듯 크게 울었다. 아이가 울음을 그치도록 채근하지 않았더니 그칠 것 같지 않던 아이의 울음이 많이 진정되었다. 마침 집에 돌아오려던 참이어서 인사를 하고 시댁을 나왔다. 한 시간 이상 걸려 집으로 오는 동안 아이의 마음을 충분히 안정시키고 싶어서 엄마는 계속 얘기를 했다.

"정은아, 오빠가 미웠지? 너한테 강아지 던져서?", "네가 얼마나 강아지를 무서워하는지 몰랐나 봐", "할머니 댁에 또 가고 싶지 않을 거야" 등 아이 마음을 알아주는 말들을 했더니 강아지에 대한 무서움에서 벗어난 아이는 다른 얘기들을 하기 시작했다.

여섯 살 때 엄마에게 꾸중 들은 일, 동생이 잘못했는데 언니인 자신이 혼난 일, 아이 둘만 집에 두고 엄마가 외출했다가 늦게 귀가해서 무서웠던 일, 엄마가 자신을 미워한다고 생각했던 일 등, 엄마는 전혀 기억나지 않는 일까지 털어놓았다. 지금껏 아이가 이렇게 많은 말을 한 적이 없었다. 어린 마음에 차곡차곡 쌓아놓은 게 이토록 많은 줄 엄마는 상상도 못 했었다.

아이 말을 듣다 보니 엄마는 미안해졌다. 무조건 아이 말을 듣고 마음을 읽어주었지만 은근히 걱정되기도 했다. 앞으로 버릇없이 자기만 아는 아이가 되면 어쩌나 싶었기 때문이다. 그러나 다행스럽게도 걱정은 기우로 끝났다.

그날 일이 있은 후 아이는 밝은 모습으로 변해 갔다. 학교생활을 재미있게 얘기했고, 친구 얘기도 많이 했다. 자기 생각을 당당하게 얘기하기도 했다. 개학 후 일주일 동안 나눈 얘기가 작년 한 해 동안 나눴던 얘기보다 더 많았다.

●경청의 힘은 부정적 감정을 해소시키고 기적을 낳기도 한다

17~18세기 아메리카 인디언의 부족 연맹체였던 '이로코이 족'에게 '토킹 스틱Talking Stick'은 절대적인 회의 진행 수단이었다. 대머리 독수리가 정교하게 새겨진 1.5미터짜리 지팡이다. 발언은 지팡이를 쥔 사람만 할 수 있고 말하는 동안 누구도 끼어들거나 찬반을 말할 수 없다. 잠자코 듣기만 해야 한다. 발언자는 자신의 뜻을 다른 사람들이 정확히 이해했는지 거듭 확인하고 나서야 옆 사람에게 지팡이를 넘긴다. 모든 참석자가 이렇게 차례로 말하고 들으면서 각자의 말을 이해했다고 느끼는 순간 부정적 감정과 소모적 논쟁은 사라진다. 사람들은 서로를 존중하면서 창조적이 된다. 아이디어가 솟고 대안이 나온다. 다섯 개 부족이 합친 '이로코이 연맹'은 스스로를 '공동주택에 사는 사람들'이라고 불렀다. 그런 '이로코이'가 격동의 식민지시대 200년을 뚫고 버텨낸 비결이 독특한 회의 문화였다. '듣기의 힘'이었다.

이상은 한 신문의 칼럼에 실린 내용이다.

'듣기의 힘'은 위대하다. 듣기를 훌륭히 실천한 엄마도 위대하다.

공자님도 나이 60이 되어서 이순耳順했다고 했다. 50에 지천명知天命했으니까 지천명보다 이순이 더 어렵다는 이야기다. 다른 사람 말에 고까워하지 않고 편안하게 순해진 귀로 들을 수 있는 경지가 쉽게 오지 않는다.

엄마들은 의사소통 기술인 '경청하기'를 공부하면서 많이 실수하고 힘들어한다. 모든 문제에서 항상 '경청하기'를 잘할 수는 없지만 필요할 때 가끔 적용해도 그 효과는 크다. 앞서 소개한 상황의 엄마처럼 성공적인 경험을 할 때 필자는 지도자로서 청출어람靑出於藍의 보람과 기쁨을 느낀다.

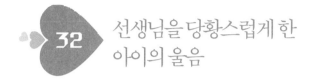

선생님을 당황스럽게 한 아이의 울음

초등학교 3학년생인 유미는 학급 부회장을 맡고 있다. 잘하고 싶은 의욕이 넘치고 예민한 성격으로 쉽게 속마음을 내보이지 않는다. 특히 자신의 약점이 드러나는 걸 싫어한다.

학교에서 체육수업 후 생긴 일이다. 뒷정리 문제로 담임 선생님은 학급회장과 부회장을 나무랐다. 꾸중을 듣고 있던 유미가 갑자기 울기 시작했고 오랫동안 울음을 그치지 않자 당황한 선생님은 외출중인 유미 엄마에게 전화해서 상황을 알렸다.

얼마 후 집에 온 유미는 아직도 외출중인 엄마에게 전화를 했다. 아이는 엄마 목소리를 듣자 바로 울음을 터뜨렸다.

"유미야, 속상한 일이 있었구나?"

엄마는 요즘 공부하고 있는 의사소통 방법을 적용해서 아이의 마음을 읽어주었다. 그랬더니 아이는 더욱 큰 소리로 울었고 엄마는 울음이 그치기를 기다린 후 말했다.

"유미야, 엄마가 지금 곧장 집에 갈 수가 없어. 삼십 분쯤 후에 갈게. 기다릴 수 있겠지?"

아이는 조금은 진정이 된 듯 대답했다.

"응, 빨리 와."

30분 후 엄마가 집에 돌아왔을 때 아이는 책상에 앉아 있었다. 엄마는 아이에게 다가가서 안아주며 말했다.

"우리 유미, 학교에서 정말 속상한 일이 있었나 보구나"라고 했더니 아이는 또 울기 시작했다. 아이의 울음을 한동안 지켜본 엄마는 "엄마가 도와주고 싶은데 무슨 일인지 잘 몰라서 답답한걸"이라고 말했다.

그래도 아이는 계속 눈물만 뚝뚝 흘릴 뿐 대답이 없었다. 평소 기다리는 것에 익숙지 않은 엄마는 마음이 조급해졌다. 예전처럼 충고나 위로의 말을 하고 싶었지만 참기로 했다. 아이의 감정이 편안하지 않을 때는 마음을 알아주는 것 외에는 어떤 말도 의사소통의 걸림돌이 된다는 것을 알고 있었기 때문이다.

"유미가 정말 속상했구나."

엄마는 아이 스스로 말할 때까지 기다리기로 마음먹었다. 얼마나 지났을까. 아이가 드디어 말문을 열었다.

"사실은 남자애들이 해야 할 일들이었는데 여자인 내가 혼나서 속상했고, 난 정말 열심히 잘해보려고 했는데 그게 잘 안 돼서 속상했어. 선생님은 화만 내시고."

아이는 그때의 상황을 상세히 얘기했고 엄마는 귀담아 들은 후 말했다.

"그랬었구나. 유미는 정말 잘하고 싶었는데 꾸중을 듣게 되어서 속상했던 거구나."

"응."

아이는 가만히 엄마 품에서 나와 세수를 하러 갔다. 그리고 진정된 모습으로 학원에 갈 준비를 했는데, 아무 일도 없었던 것처럼 멀쩡해 보였다. 그리곤 가벼운 마음으로 학원에 갔고, 다녀온 후에도 기분이 좋았다.

그날 밤 아이는 오늘 이야기를 일기에 썼는데, 제목은 '우리 엄마 최고'였다. '엄마가 나에게 학교에서의 일을 듣고 '그랬었구나', '속상했구나'라고 말해줘서 나도 모든 걸 얘기했는데, 얘기를 하고 나니 마음속에 들어 있던 무거운 것이 다 날아가서 가벼워졌다'라고. 그리고 아이는 일기를 엄마에게 보여줬다.

"엄마가 유미에게 도움이 되었다니 정말 기뻐."

"응. 엄마 최고야!"

● 인간관계를 잘하기 위해서 가장 중요한 것은 공감능력이다

한 일간지에 의하면 일본 고교입시에 '국어듣기' 평가를 채택하는 학교가 늘고 있다고 한다. 교육현장에서 남의 말을 듣지 않는 학생이 늘고 있다는 위기의식이 커지면서 일본정부가 국어교육을 목표로 '듣는 능력 육성'을 제시했다고 한다.

우리 수능도 언어영역 문항 10%가 '듣기'이지만 문제가 너무 쉬워서 학생도 학부모도 별 관심이 없다.

인간의 형상에 귀가 두 개, 입이 하나인 이유는 말하기보다 듣기를 두 배 많이 하라는 의미라고도 한다. 듣기를 잘하게 만들기 위해서 고교입시 제도도 중요하고 수능도 중요하다. 그렇지만 다른 사람의 말을 잘 듣는 아이로 키우기 위해 무엇보다 중요한 것은 아이 말을 잘 들어주는 부모의 태도다.

엄마는 정말 놀라운 경험을 했다고 했다. 아이와의 진정한 대화방법을 깨닫게 해준 소중한 경험이었다고도 했다. 엄마는 아이의 문제를 해결하기 위해서 캐묻지 않았다. 엄마의 생각대로 설득하거나 충고하지도 않았다. 조급한 마음으로 위로해서 해결하려고 하지도 않았다. 물론 아이를 나무라거나 비난하지도 않고 문제를 해결했다. 엄마가 한 일은 아이의 속상한 마음을 알아주고 공감하면서 아이를 믿고 기다렸을 뿐이다. 엄마가 자기를 이해하고 믿어준다는 느낌만으로도 아이는 커다란 힘과 안정을 찾을 수 있었기 때문이다.

33 이마의 여드름 때문에 거울을 깨고 싶은 아이

　중학교 2학년생인 둘째 아들 동현이가 요즘 부쩍 말수가 줄어들고 얼굴표정이 굳어져 있는 것을 느낄 수 있었다.

　"학교에서 별일 없었니?"라고 물으면 아무 생각 없는 아이처럼 "없어요" 하고, "어느 과목 선생님이 제일 재미있게 가르치니?" 하고 관심을 보이면 "그나마 수학이 제일 나아요"라고 퉁명스럽게 말하고는 "아, 피곤해. 좀 잘게요" 하고 대화를 피한다.

　어느 날 저녁이었다. 저녁식사가 끝날 무렵 아이가 학원에서 돌아왔다. 그런데 며칠 전 미용실에 다녀온 후부터 계속 겨울 모자를 쓰고 다니는 것이 아닌가. 엄마는 "요즘 계속 겨울 모자를 쓰고 다니네?"라고 물었다. 그러자 동현이는 인상을 찌푸리며 "짧은 머리 때문에 짜증이 나요"라고 했다. 엄마는 어떻게 다음 말을 할까 잠깐 생각한 다음 "머리가 짧아서 정말 속상하겠구나"라고 아이의 마음을 읽어주었다.

"여드름 때문에도 정말 짜증나요. 특히 이마에 난 여드름을 볼 때는 거울을 깨버리고 싶어요."

아이 마음을 읽어주는 방법을 익혀서 사용한 것이 효과를 보는 듯했다. 묻지 않은 것까지 스스럼 없이 털어놓는 아이에게 "거울을 깨고 싶을 만큼 속상하구나" 하고 아이의 마음을 한 번 더 읽어주었다. 아이의 표정이 편안하게 바뀌면서 평소 하고 싶었던 얘기를 시작했다.

"엄마, 그동안 정말 하소연하고 싶었어요."

"그랬구나."

"공부를 조금 잘하면 그걸 지켜야 하는 게 얼마나 힘든지 아세요?"

"많이 힘들었니?"

"선생님들, 엄마들은 무조건 공부에만 매달리는 것 같아요."

아이의 말은 계속되었다.

"힘든 아이들 입장은 생각하지도 않고 학원 가라, 과외 받으라고 하면서 아이들을 지치게 해요."

아이는 물만 마시면서 쉬지 않고 그동안 힘들었던 점, 괴로운 점을 토로하듯 말했다. 공부에 이미 지칠 대로 지쳐 있었고 앞으로도 공부를 해야 하는 상황이 힘들다고 했다. 나름대로 하느라고 했는데 잘못했다고 지적당하고 심하게 혼이 날 때는 엄마가 미웠다고도 했다. 심지어는 친구 같으면 때려줬을 텐데 엄마라서 그러지 못했다고도 했다. 사랑스러운 둘째 아들의 모습이 너무나 생소하게 느껴졌다. 학생 대표로서 엄마들을 성토하고 호소하는 모습 같았다.

엄마는 아이가 갑자기 많이 큰 것 같았다. 이제부터는 아이를 한 사람의 인격체로 대하고 의사소통을 잘해서 좋은 상담자가 되고 싶었다. 그래서 아이의 어려움에 공감해주고 아이를 존중하면서 친밀한 관계로 변하기 위해 노력해야겠다고 생각했다.

●아이를 존중하고 대화의 폭을 넓히자

미국의 경제 주간지 <포춘>에서 세계 최고의 부자, 최대의 자선사업가인 빌 게이츠와 그의 아버지 빌 게이츠 시니어를 인터뷰한 내용이다. 아버지가 털어놓은 가장 중요한 원칙은 "당신의 자녀를 절대로 비하卑下하지 말라. 그리고 당신의 자녀의 가장 열성적인 팬(fan.신봉자)이 되어라"였다.

게이츠는 "수영, 축구, 미식축구 등 잘하지 못하는 많은 것에 아버지께서 도전하도록 했고, 실수할 때도 격려를 아끼지 않았는데 그런 경험이 성장한 후에 리더쉽과 도전정신을 갖는 데 큰 도움이 됐다"고 했다.

그의 아버지의 자녀교육 원칙 두 번째는 폭넓은 대화였다. 게이츠는 "언제나 저녁식사 시간이면 아버지께서 사업이건 봉사활동이건 우리가 무슨 일을 하고 어떤 고민을 하는지 이야기를 다 들어주셨고, 이런 대화 덕분에 나이 많은 어른들과 대화하는 데 어려움을 겪지 않았다"고 말했다.

자녀에게 군림하려는 부모의 부적절한 권위를 버리고 자녀와 눈높이를 맞추는 수평적인 인간관계를 갖는 일은 매우 중요하다. 빌 게이츠의 아버지처럼 자녀를 비하하지 않는다는 것은 자녀를 존중하고 수평적인 관계를 유지할 때 가능할 것이다. 또 인간관계는 대화를 통해서 이루어진다고 할 수 있다. 다시 말하면 좋은 인간관계를 만들기 위해서는 좋은 대화가 필수적이다.

중학교 2학년생인 동현이와 대화를 잘해서 관계 개선을 하기란 쉬운 일이 아닐 수 있다. 엄마와의 관계가 긴 시간을 함께하면서 이미 굳어졌기 때문이다. 그러나 엄마가 아이와 대화를 잘하고 싶은 열망과 노력만큼 동현이도 엄마에게 다가올 것이고 관계 개선에 도움이 될 것이다.

34 새 학년이 된 후
선생님들이 다 싫다고 하는 아이

중학교 2학년생인 서영이는 새 학년이 시작되면서 속상해했다. 학교생활에 불만이 많은 듯 투덜투덜 짜증을 많이 냈다. 걱정이 된 엄마는 아이에게 물어보았다.

"서영아, 새 담임 선생님이랑 새 친구들한테 못마땅한 점이 많지?"

"엄마, 글쎄 불공평해. 과목 선생님들이 잘못 됐어."

"선생님들이 맘에 안 드는구나."

"일반부터 오반까지는 과목 선생님들이 다 좋아. 그런데 우리 반 선생님들은 다 싫어. 그거 생각하면 밥맛도 없어. 특히 영어, 국사, 과학 선생님은 정말 싫어. 다른 아이들도 다 그렇대."

아이 말을 듣고 있던 엄마는 가슴이 답답하고 무너져내리는 느낌이었다. 2학년 공부가 중요하다고 생각한 엄마는 아이가 공부를 잘했으면 하는 기대를 하고 있었기 때문이다. 그런데 아이가 학년 초부터 선생님들을 싫어하고 불만이 가득 차 있으니 공부를 잘하기는 틀렸구나 싶어 착잡하기만 했다. 아이의 문제가 심각하니 어떻게 해서든 도와 줘야겠다는 생각이 들었다.

"서영아, 선생님들이 맘에 안 들어서 많이 속상하지?"

엄마는 한 번 더 아이의 마음을 읽어주었다. 그리고 아이에게 제안했다.

"엄마는 이 문제가 너에게 매우 중요하다고 생각해. 우리 충분히 얘기를 나누고 좋은 방법을 찾았으면 싶어."

아이는 여전히 기분이 언짢은 듯 심퉁스러운 얼굴을 하고 더이상 말도 하고 싶지 않아 보였다. 그렇다고 엄마에게 마땅히 좋은 방법이 떠오른 것도 아니었다.

"서영아, 싫은 선생님 시간에 어떻게 하고 싶니?"

아이가 말문을 열고 마음 편하게 하고 싶은 말을 할 수 있도록 돕기 위해 엄마가 말했다.

말문을 열기 시작한 아이는 선생님들이 왜 싫은가에 대해 사춘기의 비판적인 특성을 한껏 발휘하면서 조목조목 신나게 얘기했다. 엄마는 아이의 말을 끝까지 잘 듣기 위해서 끼어들거나 평가하지 않으려고 애썼다. 아이의 입장에서 받아들이면서 "응. 그래", "그랬구나", "그래서 싫었구나", "속상하지"와 같은 말로 계속 반응했다. 아이는 상당히 긴 시간 동안 하고 싶었던 말을 했고 이미 기분은 꽤 좋아져 있었다.

싫은 선생님의 수업시간에 어떻게 하겠다는 구체적인 해결책은 찾지 못했다. 단지 선생님들을 싫어하는 아이의 마음이 옅어졌다는 느낌만 들었을 뿐이다. 아이의 기분이 나아진 것이 다행스럽기는 해도 엄마의 걱정이 깨끗이 해소되지는 않았다.

그런데 이틀 후 아침, 아이는 집에 있는 칠판 막대기를 학교에 가져가려고 했다.

"서영아, 그건 왜 갖고 가니?"

"응, 우리 영어 선생님 막대기가 부러졌대."

아이의 얼굴이 이틀 전 영어 선생님을 타박할 때와는 전혀 달랐다. 아이는 기분 좋게 밝은 얼굴로 "엄마, 다녀올게요"라고 인사하며 집을 나섰다.

아이의 경쾌한 뒷모습을 보면서 엄마는 한순간 걱정이 사라지는 걸 느꼈다.

'아, 이제 됐구나!'

엄마는 마음으로 읊고 있었다. 선생님에 대한 부정적인 감정을 쏟아내고 난 아이의 건강한 모습이 엄마를 행복하게 했다.

● 격려받은 아이는 스스로 자신의 문제를 풀 수 있는 힘이 생긴다

'남의 제사에 감 놓아라 배 놓아라 하지 말라'고 흔히들 말한다. 이 말은 사람들이 남의 일에 참견하기를 좋아하는 특성을 알기 때문에 생긴 말이다. 이웃이나 나와 상관없는 사람만 남이 아니다. 엄밀하게 말하면 '나' 아닌 사람은 누구나 '남'이다. 엄마에게는 아이도 '나'가 아닌 '남'이다. 그런데도 엄마는 아이가 '남'이라고 생각지 않고 '나'와 같은 존재로 착각, 혼돈한다. 가족 공동체 입장에서 남이라고 하면 안 되겠지만 인격적인 개체로서는 분명히 '남'이다.

그런데도 아이에게 문제가 생기면 엄마가 직접 문제를 해결하려고 한다. 빨리 해결하고 싶은 마음에 아이 말을 충분히 듣지 않고 성급하게 결정해버리는 바람에 시행착오를 겪는 일이 많다.

아이 문제는 아이 스스로 해결하도록 기다리고 기회를 줘야 한다. 스스로 해결할 때 만족감도 크고 자심감도 키울 수 있다.

이처럼 아이에게 문제가 생겼을 때 엄마 자신의 문제라고 생각하지 않고 아이의 문제로 분리해서 생각하는 것은 중요하다.

사춘기의 남자아이들은 뛰어 놀고 경쟁하는 것을 좋아하지만 여자아이들은 누군가를 좋아하고 지지하는 것을 잘한다. 또 남자아이들보다 자신의 감정을 표현하는 데 능숙하기도 하지만 감정에 휘둘리기도 잘한다. 여자아이들은 감수성이 예민하기 때문이다.

서영이 엄마는 아이가 말하고 싶도록 대화를 잘 이끌었고 아이가 하는 말을 귀담아 듣고, 아이 마음을 알아주었을 뿐이다. 아이의 말을 엄마가 잘 들어주면 아이는 편안해지기 때문에 정직해지기도 한다. 엄마에게 꾸중을 들을 염려가 없을 때 학교생활의 불만이나 어려움을 솔직하게 말할 수 있다. 엄마에게 다 터놓고 나면 아이는 속이 후련한 경험을 할 것이다. 그렇게 되면 부정적인 감정에서 해방되어 자신의 문제를 객관화시켜 볼 수 있는 힘이 생긴다. 엄마가 문제를 해결해주지 않았고, 해결책을 제시하지도 않았지만 아이는 자신의 문제에 바람직한 방법으로 접근했다.

35 작은 키 때문에 많이 속상하다고 하는 아이

중학교 2학년생인 형준이는 키가 작다. 공부도 잘하고 친구관계도 좋고 건강한 데다 엄마가 보기엔 인물도 남에게 빠지지 않는다. 그런데 작은 키가 아이에게 문제가 되고 있다. 형준이의 엄마 아빠는 키가 작지 않고, 아빠는 키가 늦게 컸다고 한다. 중학교 때까지 형준이처럼 작았는데 고등학교에 가서 부쩍 자란 것이라고 한다. 그러니 형준이도 늦게 클 것이라고 생각하기 때문에 부모에게 아이의 작은 키가 걱정거리는 아니다.

그런데 문제는 아이의 태도였다. '아이들은 크면서 열두 번 변한다'고 하지만 중2가 되면서 갑자기 아이의 태도가 변했다. 작은 키를 고민하고 키가 빨리 크지 않는다고 조급증을 내곤 했다. 거의 매일 학교에서 돌아오면 키타령을 했다.

"엄마, 나 키 언제 커요?"

그러면 엄마는 위로할 마음으로 대답했다.

"넌 아빠 닮아서 늦게 클 거야. 아마 고등학교에 가면 많이 크지 않을까?"

"그때까지 어떻게 기다려요."

아이는 불만스러운 듯 퉁명스럽게 말하고는 자기 방으로 들어가버렸다.

어느 날인가, 아이가 꽤 고민이 되는 듯 말했다.

"엄마 나 키 작아서 자존심 상해요. 여자애들이 키 작다고 무시하잖아요."

아이가 안쓰러워 엄마 마음도 안타까웠다.

"형준아, 키 작다고 무시하는 여자애들이 나쁜 거야. 진짜 자존심은 그런 일로 상하는 게 아니란다."

다정스럽게 설득했지만 아이의 반응은 신경질적이었다.

"엄마! 나는 자존심이 상한다구요!"

엄마의 말이 자기 마음에 들지 않는다는 태도였다. 그러니 더이상의 대화는 어려운 상황일 수밖에 없다.

또 다른 날은 "키 큰 애들 부러워 죽겠어. 키 큰 애들은 인기가 좋은데" 하고 투덜거렸다.

"너는 얼굴이 잘생겼잖아. 공부도 잘하고. 키 큰 애들만 꼭 인기 있겠니? 그리고 인기가 뭐가 중요해. 공부 잘하는 게 제일이지."

엄마는 아이를 돕고 싶은 마음에 꽤 장황하게 위로하고 설득했다.

"엄마는 뭘 몰라. 공부는 공부고, 키는 키잖아요. 아이 답답해."

아이는 더이상의 대화를 피했다.

아이가 작은 키에 대한 불만이나 고민을 말할 때 엄마가 했던 말과 아이의 반응은 여러 종류가 더 있었다.

"키가 빨리 크고 싶으면 우유랑 계란도 많이 먹어."

"우유, 계란 먹는다고 내일 당장 키 크는 게 아니잖아요."

"늦게 크는 애들이 더 많이 큰단다."

"꼭 그렇게 된다는 법이 있나요?"

"키 작다고 기죽을 필요 없어. 나폴레옹도 키가 작았고, 박정희 대통령도 키가 작았어. 작은 고추가 맵다고 하잖니."

"나는 작은 고추 싫거든요. 유명한 사람 따윈 필요없어요."

엄마는 나름대로 생각해서 위로해보려고 말을 건넸지만 아이의 반응은 엄마의 기대에 어긋나기만 했다.

●칭찬이 의사소통의 걸림돌이 될 때 칭찬보다 공감을 먼저 해야 한다

사춘기의 아이들은 이성에 대한 관심이 높고 또래가 중요하게 여기는 일에 더욱 관심을 갖는다.

그래서 사춘기의 아이와 대화하기는 특히 어렵다. 매우 민감한 시기이기 때문에 어쭙잖은 말에도 토라지고 발끈한다. 엄마들이 흔히 하는 말이 있다.

"할 말이 없어요."

"무슨 말을 해도 통하지 않아요."

엄마가 할 수 있는 모든 말을 다 동원해도 대화가 풀리지 않는다. 아이 마음이 불편할 때는 더욱 그렇다. 불편한 아이를 도울 수 있는 말은 아이 마음을 읽어주고 공감하는 말이다. 공감 외에는 엄마의 생각을 전달하는 어떠한 말도 통하지 않는다.

P.E.T.Parent Effectiveness Training, 효과적인 부모역할 훈련 프로그램을 만든 토머스 고든Thomas Gordon은 의사소통을 방해하는 걸림돌 열두 가지를 다음과 같이 열거했다.

대부분의 문제에서 쉽게 많이 쓰는 **1)명령, 지시**가 있고, 이것이 통하지 않을 때 **2)경고, 위협 3)비난, 비판 4)욕설 5)빈정거림, 묵살** 등의 강력한 방법을 쓴다.

상당히 이성적으로 대처할 때 **6)충고, 해결책 제시 7)훈계 8)설득** 등의 방법을 쓴다.

아이의 잘못을 찾으려고 할 때 **9)캐묻기, 심문하기 10)분석, 진단**하는 방법을 쓴다.

또 아이를 도와주고 싶은 마음에서 **11)칭찬, 찬성 12)위로, 동정**을 하기도 한다.

이상의 열두 가지 걸림돌은 엄마가 아이를 변하게 하려는 의도를 갖고 하는 말이기 때문에 불편한 아이는 귀담아 들으려 하지 않는다. 아이가 원하는 것은 엄마에게 이해받고 공감받고 싶은 것이다. 아이의 문제를 있는 그대로 수용하고 아이 입장에서 느껴보고 공감해줄 때 아이는 편안해하고 엄마와의 대화를 지속하고 싶어한다.

형준이 엄마는 아이를 사랑하는 마음으로 돕고 싶어서 위로, 칭찬, 설득, 충고, 분석 등의 방법으로 아이에게 말했지만 대화가 지속되지 않았다. 엄마의 말이 아이에게 걸림돌로 작용했기 때문이다.

엄마가 할 수 있는 바람직한 말은 "형준아 빨리 크고 싶구나", "작은 키 때문에 자존심 상했구나", "여자 애들이 무시해서 기분 상했지", "키 큰 애들이 많이 부러웠구나"처럼 아이의 마음을 읽어주고 공감하는 말이다.

물론 의사소통의 방법은 복잡하고 여러 가지 변수가 있기 때문에 공감하는 말 한마디로 아이 태도가 바뀐다는 보장은 없다. 그렇지만 걸림돌을 썼을 때와는 차이가 있을 것이고 엄마의 꾸준한 노력과 시도는 결실을 맺을 수 있을 것이다.

동생에게 시키고
소리 지르는 아이

초등학교 5학년생인 아들이 3학년생인 여동생에게 마실 물을 가져 오라고 방 안에서 소리를 쳤다. 엄마는 상쾌한 기분으로 화분에 물을 주고 손질하고 있었다. 아이들끼리의 다툼이 엄마가 하는 일에 직접 방해가 되지는 않았다.

이런 상황일 때 엄마는 자신의 일을 하면서 아이들 일에 참견하지 않을 수도 있고, 아이들의 잘잘못을 가리는 일에 참견할 수도 있다.

참견하는 경우란, 엄마가 자신의 가치 기준에 따라 해결책을 정하고 아이들이 따르도록 하는 경우다.

● 꾸중하기 전에 먼저 지켜보고 기다리자

첫 번째 : 자신이 마실 물을 동생에게 시키는 것이 옳지 않다고 생각하는 엄마가 있다. 아들의 행동이 못마땅한 엄마는 꾸중을 한다. "물이 필요하면 네가 직접 가져와야지 왜 동생에게 시키니? 동생 시키는 건 나빠." 그리고는 딸아이에게 "오빠가 시켜도 할 필요 없어" 하고 못을 박는다.

두 번째 : 집 안에서 소리치는 것을 두고 보지 못하는 엄마가 있다. 따라서 아들을 나무란다. "왜 시끄럽게 소리 지르니? 조용히 말해도 들리잖아. 소리치면 동생이 좋겠어?" 이런 식이다.

세 번째 : 소리치는 것도, 동생에게 시키는 것도 둘 다 나쁘기 때문에 안 된다고 생각하고 일방적으로 꾸중하는 엄마가 있다.

네 번째 : 큰아이가 소리를 지르긴 하지만 자초지종을 모르는 상황에서 참견하기보다 아이들끼리 해결하도록 두는 것이 좋다고 생각한다. 엄마에게도 이웃에게도 특별히 피해를 주는 상황이 아니기 때문에 하던 일을 계속하면서 두고 보는 엄마가 있다. 이럴 때 아이들은 엄마의 통제에 따를 필요 없이 자기들끼리 문제를 해결한다.

작은아이가 오빠에게 물을 갖다 주어서 해결되기도 하고 큰아이가 동생에게 시키는 것을 포기하고 스스로 물을 갖고 올 수도 있다.

아이들은 문제를 해결하면서 타협할 수도 있고, 힘의 논리를 따를 수도 있고, 서로를 배려하고 양보하는 미덕을 경험할 수도 있다. 각자에게 만족한 해결책을 얻을 수도 있고 어느 한쪽에게 불리한 해결책을 만들 수도 있다. 그렇지만 아이들은 형제간의 문제를 통해서 새로운 경험을 반복하게 되고, 그 결과 문제 해결력을 키우고 인간관계의 능력을 쌓아갈 수 있다.

참견하는 엄마보다 참견하지 않고 지켜보는 엄마가 아이들이 스스로 해결할 수 있는 능력을 키울 수 있도록 돕는 엄마다. 형제간의 시비를 가릴 일이 있을 때 엄마가 성급하게 참견하면 여러 가지 부작용이 따를 수 있다. 아이들은 엄마에게 의존하게 될 뿐 아니라 자신의 입지를 유리하게 만들기 위해서 상대방을 더욱 탓하거나 비난할 수 있다. 또 엄마가 상황을 충분히 알지 못한 채 해결책을 말하고 꾸중하게 되면 어느 한 쪽은 억울할 수밖에 없다.

위의 문제에서, 엄마는 큰아이가 동생에게 물을 갖고 오라고 소리치는 것만 들었을 뿐이지 그 이전의 상황은 모른다. 그러면서 큰아이에게 소리치는 것이 나쁘고 또 동생에게 시키는 것이 나쁘다고 하면, 큰아이는 억울해 할지도 모른다. 엄마에게 꾸중을 듣는 것이 억울한 큰아이는 동생을 미워하고 동생에게 나름대로의 복수를 계획할 수도 있다.

물을 갖고 오라고 하기 전에 두 아이 사이에는 여러 가지 상황이 있었을 수도 있다.

예를 들어, 다음과 같은 상황이었다고 해보자.

동생은 오빠가 갖고 있는 새 볼펜이 갖고 싶었고 그래서 오빠에게 제안했다.

"오빠, 그 볼펜 나 줘. 그러면 오빠 심부름 한 번 할게."

오빠는 흔쾌히 동생의 제안을 받아들였다.

"그래, 그렇게 하자."

볼펜을 동생에게 준 오빠는 조금 있다가 부드럽게 말했다.

"너 오빠 심부름 하기로 했지? 물 마시고 싶으니까 물 좀 갖다줘."

그런데 동생은 오빠와의 약속을 얼른 실행하지 않았다. 평소에도 엄마가 동생 편을 들었을 경우엔 엄마를 믿고 오빠가 시키는 것을 안 하는 경향이 많았다. 약속을 지키지 않은 동생 때문에 화가 난 큰아이는 소리를 질렀다.

어떠한 경우에도 소리 지르지 않고 부드럽게 말하라고 하는 것은 무리한 요구다. 때로는 소리 지를 수도 있고 그럴 수밖에 없는 것을 이해하면서 살아가는 것이 인간의 모습이다.

도덕관이 지나치게 경직된 엄마는 자기 일은 반드시 스스로 해야 한다고 아이에게 가르친다. 물론 다른 사람에게 의존하고 떠넘기는 것보다 스스로 하는 것이 바람직하다. 그렇지만 일의 종류나 상황에 따라서 남의 도움을 받을 수도 있고 다른 사람에게 시킬 수도 있다. 중요한 것은 상황 적응력을 키우는 것이다. 그래서 융통성 있게 상황에 잘 대처할 수 있도록 돕는 것이 바람직하다.

37 수용과 비수용의 선택이 중요하다

이웃집 승준이 엄마는 아이에게 매우 허용적이었다. 아이가 잘못했을 때도 웃는 낯으로 부드럽게 말하곤 했다. 심지어 남의 집에서 주인이 싫어하는 행동을 했을 때도 혼내지 않았다.

"승준이가 이것 갖고 놀고 싶구나"라고 하면 여섯 살 아이는 "응. 갖고 놀 거야"라고 대답했다. 그럴 때면 집 주인으로서 아이가 귀한 물건을 망가뜨릴까 봐 조마조마했던 적이 여러 번이었다.

다른 사람에게 피해를 주거나 남이 싫어하는 행동에 대해서는 단호하게 가르쳐야 분별력이 생길 것인데 아이에게 끌려 다니는 것 같은 승준이 엄마의 태도가 이해되지 않아서 어느 날 물어보았다.

"승준이 엄마는 어떻게 한결같이 아이가 하자는 대로 다 받아줄 수 있어요?"

"다 이유가 있어요. 좋은 부모가 되는 공부를 하잖아요. 아이를 수용하는 부모가 되어야 하거든요."

승준이 엄마의 말을 들은 집주인은 의문이 생겼다. 좋은 부모가 되려고 공부했다가 오히려 아이를 망치게 될지도 모른다고 생각되었다. 그 이후 집주인도 필요에 의해 공부를 하게 되었는데 승준이 엄마의 태도에 대해 한번 생각해보았다. 그녀의 판단에 의하면, 승준이 엄마는 분별력을 잃은 지나친 수용으로 인해 수용과 비수용의 균형이 잡히지 않은 듯했다.

●수용도 비수용도 지나치면 좋지 않다

 아이의 행동에 대해 수용과 비수용의 균형을 유지하는 것은 중요하고 어려운 일이다. 균형을 이루는 것과 함께 수용, 비수용에 대해 분별력을 갖는 것 역시 마찬가지로 여렵다.

승준이 엄마처럼 지나치게 마음이 좋아서 아이가 하는 행동을 무조건 수용하면 자신만 아는 아이로 자라날 우려가 있다. 원하는 것은 마음대로 다 된다고 생각했던 아이가 커 가면서 마음대로 되지 않는 문제를 만나면 좌절하거나 포기할지도 모르고, 다른 사람 입장에서 생각하고 배려하는 것을 경험하지 못했기 때문에 독불장군처럼 행동해 협동하고 타협하는 능력이 부족할 수밖에 없다.

지나치게 수용하는 엄마들이 흔히 하는 말이 있다.

"아이 기를 죽이면 안 돼요. 기를 살려야 뭐든 적극적으로 하죠."

옳은 말일 수도 있다. 문제는 기를 어떻게 살리느냐와 어느 정도 살

리느냐. 지나치게 기를 살려도, 지나치게 기를 죽여도 곤란하거니와 기를 살려야 할 문제와 그렇지 않은 문제를 분간하지 못해도 곤란하다.

남의 집 물건을 망가뜨릴 수 있는 아이의 행동까지 수용하는 것은 잘못이다. 적어도 다른 사람에게 피해를 줄 수 있는 행동은 단호하게 비수용해서 아이에게 분별력을 가르칠 필요가 있다.

좋은 부모가 되기 위한 공부를 시작한 엄마들이 초기 단계에서 흔히 하는 실수가 지나치게 수용적이 되는 것이다. 수용적인 엄마가 되기 위해 노력하다 보면 정도가 지나쳐서 균형을 잃게 되지만, 다음 단계에서 잘못을 알게 되면 다시 균형을 잡게 된다.

38 아이들은 자유놀이를 통해
사회에 적응하는 방법을 배운다

한 엄마는 초등학교 2학년생인 아들이 놀기를 좋아해 공부하는 시간이 부족한 것이 걱정이었다.

하루는 "너는 놀기만 좋아하니?"라고 아이를 꾸짖자, 씩씩한 아이는 엄마에게 "내가 놀기만 좋아한다고요? 학교 수업시간에 선생님 말씀도 잘 들어요"라고 대꾸했다.

엄마의 기준과 아이의 기준은 다르다. 엄마는 노는 시간을 줄이고 책과 더 가까워지기를 바라지만 아이는 필요한 공부를 하면서 신나게 놀고 있다고 생각한다.

잘 노는 것은 중요하다. 특히 아이들에게는 더욱 놀이가 중요하다.

● 잘 노는 아이가 정신적으로 건강하고 창의력도 키울 수 있다

정신의학자 스튜어트 브라운은, 살인범 26명의 면접에서 두 가지 공통점을 발견했는데, 하나는 결손가정 출신이고, 다른 하나는 어린 시절 뛰어 놀아본 적이 없었다는 것이다.

그리고 40년간 성인 6,000명의 어린 시절을 연구한 결과 자유놀이를 해보지 않은 아이들은 어른이 된 뒤 사회에 제대로 적응을 못 한다는 사실도 밝혀냈다.

자유놀이는 운동경기처럼 정해진 규칙에 따르는 놀이와 달리 여러 사람이 제멋대로 노는 것을 뜻한다.

생물학자들은 놀이를 하는 동물일수록 지능이 뛰어나다는 사실에 주목하고 포유동물을 연구한 결과, 몸 크기에 견주어 상대적으로 뇌가 큰 동물이 더 잘 노는 경향이 있다는 것을 밝혀냈다. 큰 뇌가 작은 뇌보다 자극에 민감하기 때문에 어른의 뇌로 제대로 성장하기 위해서는 어릴 적에 더 많은 놀이가 필요해서 놀이가 진화되었을 가능성이 높다고 보는 것이다.

미국 콜로라도 대학의 진화생물학자 마크 베코프는 뇌의 많은 부위가 놀이와 관련되며 놀이는 예상 외로 높은 인지능력이 요구되는 행위라고 주장했다. 놀이를 잘하려면 상대방을 잘 파악해서 행동해야 하기 때문이다. 특히 자유놀이는 규칙이 정해진 운동경기보다 훨씬 더 창의적인 반응을 요구하므로 뇌의 발육에 훨씬 더 영향을 미치는 것으로 나타났다.

미국 미네소타대 교육심리학자 앤소니 펠레그리니는 자유놀이를 하는 동안 어린이들은 상상력을 총동원할 뿐만 아니라 친구와 의사소통하는 능력과 함께 공명정대하게 행동하는 기술을 습득하게 된다고 주장했다.

요컨대 어린이들은 자유놀이를 통해 사회에 적응하는 방법을 배우고 문제해결과 같은 인지능력을 키울 수 있게 된다. 한마디로 잘 노는 아이일수록 정신적으로 건강하고 창의력이 뛰어난 성인으로 성장할 개연성이 높다는 것이다.

오늘날 대부분의 어린이들은 자유놀이 시간을 빼앗긴 상태다. 엄마들은 아이들을 학원으로 내몰아 마음껏 뛰어 놀 기회를 박탈하고 있다.

많은 심리학자들은 아이의 지능개발에는 공부 못지않게 자유놀이가 중요하므로 자녀들이 성공한 사회인으로 성장하기를 바란다면 놀이시간을 충분히 배려할 것을 당부하고 있다.

아이가 놀기를 좋아하는 것은 꾸중할 거리가 아니고 칭찬할 거리다. 아이가 잘 놀 수 있도록 배려하고 잘 노는 아이에게 칭찬할 수 있는 마음의 여유를 갖는 엄마가 좋은 엄마다.

39 제멋대로 하는 아이 잘 크면 빌 게이츠처럼 된다

말 잘 듣는 아이로 키울 것인가? 제멋대로 행동하는 아이로 키울 것인가?

대부분의 부모들은 말 잘 듣는 아이로 키우고 싶어한다. 그리고 제멋대로 행동하는 아이를 내버려둘 수는 없다고 말한다. 부모들은 아이를 사랑하고 아이를 위해서 가르치기 때문에 부모 말을 잘 듣는 착한 아이가 모범생이 되고 훌륭한 어른으로 성장할 것이라고 생각하기 쉽다. 그런데 이러한 생각이 옳다고 할 수 없다. 그렇다고 제멋대로 하는 아이를 마냥 내버려두고 보라는 말도 물론 아니다. 제멋대로 하고 싶어하는 아이를 이해하기 위해 노력하고 가능한 한 통제를 줄이는 부모의 태도가 바람직하다.

부모의 태도가 유연해서 융통성이 있고 아이에 대한 진정한 사랑이 있으면, 제멋대로인 아이의 그 멋대로가 장차 창의성으로 연결될 수도 있는 것이다. 부모의 간섭에서 벗어난 아이는 나름대로의 생활방식, 생활수단을 스스로 강구할 것이기 때문이다.

● 부모의 태도가 유연해서 융통성이 있으면 창의성 있는 아이로 자란다

이 경우의 대표적인 예가 컴퓨터왕 빌 게이츠에 관한 얘기다.

많은 부모는 자녀가 세계 최대 갑부이자 최대 자선사업가인 마이크로소프트 사의 창업자 빌 게이츠처럼 커주기를 한번쯤은 꿈꿨을 것이다. 그러나 시애틀의 변호사였던 그의 아버지 빌 게이츠 시니어가 회고하는 '빌 게이츠 키우기'는 악몽이었다.

아버지 게이츠는 아들을 '늘 말싸움 하는 아이'로 기억했다. 아들은 11세 때부터 늘 부모와 다투고, 점점 집안의 골칫거리가 되어갔다. 아들의 방은 늘 엉망이었고, 연필을 물어뜯고, 식사시간에 늦어 자주 어머니 메리의 꾸중을 들었다. 여동생 리비는 "그때마다 오빠는 심하게 대들었다"고 말했다.

결국 부모는 아들을 상담가에게 데려갔다. 게이츠는 상담가에게 "나는 나를 통제하려는 부모와 전쟁 중"이라고 말했다. 상담가는 게이츠의 부모에게 "이런 싸움에선 결국 자식이 이기게 마련"이라며 아들을 내버려둘 것을 조언했고, 결국 부모는 그 말을 따랐다.

게이츠는 이후 13세 치고는 많은 자유를 부여받아 더이상 부모의 간섭을 받지 않고 컴퓨터에 몰입할 수 있었다. 고교시절에도 인근의 워싱턴대학의 컴퓨터실에서 밤을 새우기 일쑤였다. 또 책을 미친 듯이 읽었다. 백과사전을 처음부터 끝까지 다 읽어버린 바람에 무슨 책이든 사달라고 하면 부모는 무조건 사주었다. 아들이 하버드 대학을 중퇴하겠다고 했을 때, 부모는 게이츠가 학위를 따기를 바랐고 우려 또한 컸지만 아들의 뜻을 따를 수밖에 없었다.

게이츠는 마이크로소프트 사를 창업해 큰 돈을 벌었지만, 자선사업에는 관심이 없었다. 어머니 메리의 권유에도, "나중에 은퇴하거나 육십 세가 넘으면 생각해보겠다" 했고, 이 일로 어머니와 또 다퉜다. 그러나 1994년 어머니가 세상을 떠나자, 6개월 뒤 게이츠의 생각은 완전히 달라져 1억 달러를 조성한 빌 게이츠 재단을 만들었다. 현재 아내 멜린다의 이름이 함께 들어간, 빌&멜린다 게이츠 재단은 총 300억 달러를 전 세계에 기부했다.

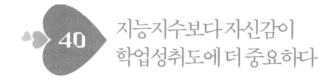

40 지능지수보다 자신감이
학업성취도에 더 중요하다

지능지수I.Q.보다 감성지수E.Q.가 학업성취도에 더 큰 영향을 미친다
고 한다. 특히 감성지수가 떨어지는 사춘기에는 지능지수가 높다 하
더라도 학업성취에 기여하기 어렵다.

한편, 영국 런던대학교의 킹스 칼리지 정신의학연구소의 로버트 플
로민 교수팀은 최근 지능지수보다 자신감이 학업성취도에 더 큰 영향
을 미친다고 했다. 그리고 아이의 자신감은 양육과정에서 부모의 격
려 같은 환경적 요소에 의해 길러진다는 기존의 이론을 뒤엎고, 유전
적으로 타고난다는 연구결과를 내놓았다.

일란성과 이란성이 섞인 7~10세 쌍둥이 3,700여 쌍을 대상으로 영
어, 수학, 과학 성적과 I.Q., 자신감자신에 대한 긍정적인 생각 : 자존감 등을 조사
한 결과, I.Q.는 성적에 큰 영향을 미치지 않았지만, 자신감이 높을수
록 성적이 좋았다.

그러나 이 자신감은 유전자는 다르고 양육환경은 같은 이란성 쌍둥이에게서도 다르게 나타났다. 즉 자신감은 타고난다는 얘기였다. 실제로 이 조사에서 자신감의 유연성은 51%로, I.Q.의 유연성 43%보다도 높았다.

플로민 교수는 "지금까지 자신감은 환경의 영향을 받는 것으로만 여겨져왔다"며 "이번 연구는 자신감이 유전적 영향을 받으며, 학업성취까지 좌우한다는 것을 보여준다"고 했다.

●지능지수도 자신감도 타고난 것을 인정하자

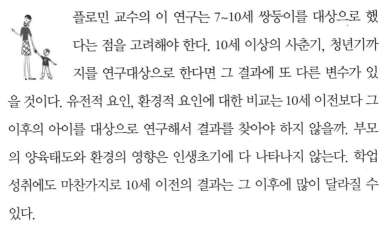

플로민 교수의 이 연구는 7~10세 쌍둥이를 대상으로 했다는 점을 고려해야 한다. 10세 이상의 사춘기, 청년기까지를 연구대상으로 한다면 그 결과에 또 다른 변수가 있을 것이다. 유전적 요인, 환경적 요인에 대한 비교는 10세 이전보다 그 이후의 아이를 대상으로 연구해서 결과를 찾아야 하지 않을까. 부모의 양육태도와 환경의 영향은 인생초기에 다 나타나지 않는다. 학업성취에도 마찬가지로 10세 이전의 결과는 그 이후에 많이 달라질 수 있다.

학업성취에는 여러 가지 요인이 복합적으로 작용할 것이고 그중에서 자신감이 미치는 영향이 큰 것은 틀림없다. 이 연구결과로 10세 이전의 아이에게는 I.Q.보다 자신감의 영향이 더 크다는 것이 밝혀졌다.

타고난 자신감 외에 부모의 양육태도와 환경에 의해 후천적으로 얻게 된 자신감도 학업성취에 중요한 요인으로 작용할 수 있을 것이다.

154

10세 이후의 학업성취도에 관한 연구를 지속해서, 칭찬과 격려를 아끼지 않는 부모의 양육태도가 아이의 자신감을 북돋우는 데 중요하다는 것이 밝혀졌으면 한다.

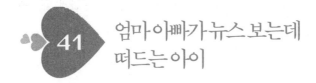

41 엄마 아빠가 뉴스 보는데 떠드는 아이

엄마 아빠가 TV뉴스를 열심히 보고 있는데 아이들이 큰 소리로 떠들면서 TV 앞을 왔다갔다 하는 상황이다. 이때 아이들에게 어떻게 말하는 것이 적절할지 생각해보자.

우선 아이들의 행동을 보는 관점에서 두 가지로 나눌 수 있을 것이다. 아이들의 행동이 잘못되었다고 보는 경우와 아이니까 그럴 수 있다고 생각하여 자연스러운 행동으로 보는 경우다.

●아이의 행동이 다른 사람에게 피해를 주고 있다는 것을 알려주어라

아이들의 행동을 이해하고 수용하는 것은 바람직한 부모의 태도다. 그러나 무조건적인 수용이나 지나친 수용은 분별력을 키워줄 수 없으므로 곤란하다. 아이들이 자신의 공간에서 다른 사람에게 피해를 주지 않고 자유롭게 놀거나 행동하는 것은 최대한 간섭하지 않고 수용하는 것이 좋다. 반면, 자신의 행동이 다른 사람에게 피해를 주는 상황이라면 수용하지 않아야 한다.

아이들이 떠드는 소리 때문에 TV뉴스에 집중할 수 없다면 수용하지 말아야 한다. 그렇게 함으로써 아이들은 다른 사람을 배려하는 것을 배울 수 있다.

"너희들이 큰 소리로 얘기하고 TV 앞을 지나다니면 엄마 아빠는 뉴스를 집중해서 볼 수 없어서 답답해"라고 차분히, 친절하게 말하는 방법이 있다. 아이들의 행동을 비난하지 않고 사실대로 알려주면 우선 아이들의 저항을 줄일 수 있다. 또 엄마 아빠에게 어떤 영향을 미쳐서 피해를 입혔는가를 말해줌으로써 스스로 행동을 바꾸게 하는 설득력이 생긴다. 답답하다고 감정을 토로하는 것은 엄마 아빠의 정직한 내면을 개방하는 것이다. 따라서 아이들과 더욱 긴밀히 교류할 수 있어 더욱 가까운 사이로 발전할 수 있다.

길게 차분히 말할 여유가 없다면 짧게 말해도 좋다.

"엄마 아빠는 뉴스를 놓치지 않고 보고 싶구나."

"중요한 말을 못 알아들어서 속상해."

"TV를 보고 있어도 집중할 수가 없구나."

이런 식으로 아이들에게 무슨 문제가 생겼는가를 알려줄 수 있다. 아이들 행동이 몹시 못마땅해서 화가 났다면 더 짧게 말하는 게 좋다.

"속상해."

"뉴스가 안 들려."

"뉴스 보고 싶어."

이같은 짧은 말도 아이들에게 엄마 아빠가 원하는 바를 전달할 수 있다.

위의 상황에서 평소 많은 부모들이 하는 말인 "조용히 해", "시끄러워", "집에서 떠들지 말라고 했지", "방에 들어가", "말 안 들으면 혼낼 거야" 등과 비교되는 말이다.

이처럼 습관적으로 사용하는 말들은 아이를 존중하지 않고 함부로 대하는 태도에서 비롯된 것이다. 아이가 스스로 생각해보고 자신의 행동을 선택하게 하는 대신 부모의 강요에 의해서 시키는 대로 따를 수밖에 없도록 하는 방법. 따라서 꾸중의 질이 떨어질 수밖에 없다.

42 화장실에 들어가면 싸우는 형제

아들만 둘을 키우는 부모들의 어려움은 특별하다. 형제가 서로 상승작용을 하면서 거칠어지기 때문이다. 딸, 아들 남매나 자매를 키우는 경우와는 차이가 있다.

초등학교 4학년생 정우와 2학년생 현우는 작은 일에도 서로 경쟁적이다. 무엇이든 한 명이 하면 다른 한 명도 같이 하려고 해서 경쟁이 되고 집안이 시끄러워지곤 한다. 요즘 들어 화장실을 사용하는 문제 때문에 곤란한 일이 자주 벌어진다. 형제가 동시에 화장실을 쓰겠다고 다투거나 형이 사용 중일 때 동생이 문을 열고 들어가는 바람에 다툼이 생기는 것이다. 심지어는 형에게 힘으로 밀리는 동생이 화를 참지 못하고 형 옷에 대고 오줌을 누어서 옷이 다 젖은 적도 있었다.

부모는 아이들을 꾸짖고 타이르기를 여러 번 했지만 그때뿐이었고 아이들의 행동은 여전했다.

일방적으로 주의를 주는 것이 효과가 없다는 것을 알게 된 후 정우 부모는 다른 방법으로 문제를 해결해보기로 했다. 두 아들과 함께 자리를 한 뒤 아이들을 문제해결에 적극적으로 참여시키는 민주적인 방법으로 의논하기를 시도한 것이다.

"아빠는 너희들과 함께 의논해서 꼭 해결하고 싶은 문제가 있단다."

"무슨 문제요?"

"응, 너희들이 화장실 쓰는 문제."

"아빠! 싸우지 말라고 그러시는 거죠?"

"그렇긴 한데, 아빠는 명령하려는 게 아니고 너희들 의견을 먼저 듣고 의논해서 좋은 방법을 찾고 싶어."

"알았어요."

"아빠는 제일 먼저 너희들이 화장실에서 싸우다가 넘어져서 다칠까 봐 걱정되고, 또 화장실에서 소리 지르면 이웃집에도 잘 들리니까 동네사람들 보기가 민망해서 걱정이야."

"그런데 아빠, 쟤가 꼭 따라 들어와서 화나게 하잖아요."

큰아이가 먼저 문제를 말했다.

"그래 그게 문제였구나. 정우는 혼자 조용히 화장실을 쓰고 싶다는 말이지?"

"그런데 아빠, 내가 화장실 가고 싶을 때 형이 먼저 들어가잖아요. 그럼 어떻게 해요?"

형이 대답할 틈도 주지 않고 동생 현우가 나름대로 그럴 수밖에 없는 이유에 대해 말했다.

"아! 그러니까 너는 필요할 때마다 곧바로 화장실을 쓰고 싶은 거구나!"

"네 맞아요."

"정우는 혼자 조용히 쓰고 싶고, 현우는 필요할 때 곧바로 쓰고 싶고, 아빠는 너희들이 안전하게 화장실을 사용했으면 하는 것과 이웃 사람들에게 아빠로서 떳떳한 모습을 보이고 싶은 것이란다. 우리 세 사람이 진정으로 바라는 것을 알았으니 이제는 방법을 찾아볼까?"

"하고 싶은 말을 하라고요?"

"그럼. 무슨 방법이든 생각나는 건 다 말해도 돼. 지금부터 말하는 것을 아빠가 다 기록할게. 세 사람이 하고 싶은 말을 다 끝낼 때까지는 맞다, 안 맞다, 한다, 못 한다, 좋다, 싫다 같은 말을 하지 않기야."

"그러면 싫은 건 언제 말해요?"

"방법들을 더이상 찾을 수 없을 때 그때 기록해놓은 순서대로 하나하나 선별하는 거란다."

"아빠, 화장실이 두 개 있는 집으로 이사 가면 되잖아요."

작은아이는 너무도 쉬운 방법을 찾았다는 듯 신나게 말했다. 아빠는 화장실이 두 개 있는 집으로 당장 이사를 가는 것이 쉬운 문제라고 생각하니? 라고 꾸중하고 싶었지만 그럴 수 없었다. 의견을 말하는 동안엔 평가하지 않기로 한 약속을 지켜야 했기 때문이다.

"그래. 화장실이 두 개 있는 집으로 이사 가기, 아빠가 쓸게."

"화장실문 열기 전에 꼭 노크하기."

큰아이가 말하는 대로 아빠는 썼다.

"노크하면 안에 있는 사람은 뭘 하고 있는지 말해주기."

작은아이의 의견도 썼다.

"급할 때는 노크 여러 번 하기."

작은아이는 자신의 주장을 계속 말했다.

"그리고 노크 여러 번 하면 안에 있는 사람은 문 열어주기."

"알았어. 그럼 급할 때 노크 똑똑똑 세 번 한 다음 다시 또 세 번 하기야. 그렇게 하지 않고 문 열지 않기야."

큰아이가 정리한 대로 아빠는 썼다.

"세수하고 샤워하는 것은 시간을 정해서 그대로 하기."

큰아이가 제안했다.

"세면대와 변기를 따로 쓸 때는 형제간에 화장실을 함께 사용하기."

아빠의 의견도 썼다.

"더이상 의견이 없다면 그럼 지금까지 내놓은 의견 중에서 실천할 수 없다고 생각되는 것은 빼도록 한다."

아빠가 다음 과정을 안내하면서 써놓은 것을 차례로 아이들에게 읽어주었다.

"빼고 싶은 것 없어요."

두 아이는 모든 항목에 찬성했다.

"아빠는 하나 빼고 싶어. 첫 번째 의견인 화장실이 두 개 있는 집으로 이사 가기는 당장 실현될 수가 없어. 이사를 갈 수 있을 때까지는 다른 방법들로 해결하자꾸나."

"네 알았어요."

두 아이는 동의했다.

"우리가 의논한 대로 일주일 동안 실천해보자. 그리고 다음주 이 시간쯤에 다시 한 번 의논해보는 거야. 그대로 계속 실천하는 것이 좋을

지, 바꿔야 할 점이 있다면 무엇인지 다시 의논해서 새로운 방법으로 바꾸기로 하자."

"네 좋아요."

그리고 실천할 것들을 써서 화장실 문에 붙여두었다.

그 이후 아이들이 신기하게도 화장실 사용 문제로 싸우지 않았다. 급하게 문을 열려던 작은아이는 '아차' 하고 문에 붙여놓은 실천사항을 보고 재빨리 노크를 했고 그러면 화장실 안에 있던 큰아이가 대답을 해주어 서로 배려하는 모습을 보였다.

● 부모와 아이 각자가 진정으로 원하는 것을 찾아서 의논하자

남자아이는 남들과 경쟁하는 호전적 성향이 여자아이에 비해서 높다. 다른 사람들보다 앞서기를 원하고 형제나 또래 사이에서 서열을 매기려고 한다. 따라서 남매간일 때보다 형제간일 때 싸움과 경쟁이 더 잦다.

대립된 갈등을 민주적으로 해결하는 '제3의 방법'은 교육자 존 듀이 John Dewey에 의해 창안되었다. 문제를 해결하는 과정은 6단계로 되어 있고, 시작하기 전 준비단계에서 의사소통의 기술을 익히고 6단계에 대한 이해를 먼저 해야 한다. 그외 시간적 여유, 상호존중하는 태도도 중요하다.

1단계 : 서로 원하는 것을 욕구에 초점을 맞추고 말한다.

아빠: 1)화장실에서 싸우다 넘어져서 다칠까 걱정된다.

욕구 – 아이들이 안전하기를 원한다.

2)동네사람들 보기가 민망하다

욕구 – 이웃에 좋은 아빠로 인정받고 싶다.

정우: 동생이 화장실에 따라 들어와서 화난다.

욕구 – 혼자 조용히 화장실을 쓰고 싶다.

현우: 화장실을 쓰고 싶을 때 형이 먼저 들어간다.

욕구 – 필요할 때 즉시 화장실을 쓰고 싶다.

2단계 : 가능한 해결책들을 제시하고 모든 제안을 평가 거부 없이 기록한다.

이 단계를 순발적으로 말하는 단계Brain Storming라고도 한다. 이는 심사숙고도 하지 않고 머리에 떠오르는 대로 즉각 말하는 단계로 창의성을 키울 수 있는 단계다.

3단계 : 2단계에서 제시된 방법들을 평가해서 실천 가능한 것과 그렇지 않은 것을 분류하는 단계다.

4단계 : 3단계에서 실천 가능한 것으로 선별된 해결책을 적어놓고 실천하기로 결정한다.

5단계 : 합의된 해결책을 실행기간을 정해서 실행하는 단계다.

6단계 : 실행해본 후 그 결과에 대해 평가하고, 실천이 되지 않았던 해결책은 다시 의논해서 새로운 해결책으로 수정한다.

전체 과정 중에서 준비단계와 1단계가 특히 중요하다. 1단계가 잘되면 다음 단계부터는 쉬워진다. 중요한 단계의 이해를 돕기 위해서 세 사람의 욕구를 다시 정리해보았다.

43 피아노 선생님의 꾸중에 자존심이 상한 아이

초등학교 4학년생인 인영이는 6학년생인 오빠 진영이보다 공부를 못한다. 아빠의 해외근무를 따라 가족이 함께 2년 동안 미국 생활을 하고 귀국한 지 1년 정도 되었다. 우리나라에서 1, 2학년 기초 공부를 마치고 떠났던 큰아이는 귀국 후에도 큰 어려움 없이 학교공부를 잘 따라갔다. 게다가 열심히 공부한 덕에 요즘은 좋은 성적을 내고 있다. 반면 작은아이는 기초학력이 부족한 탓에 공부하는 데 어려움을 많이 겪고 있다. 시험기간에는 엄마가 지도를 한다고 하지만 여전히 성적이 부진했다. 오빠에 비해 성적이 떨어지는 작은아이는 성적 얘기만 나오면 민감하게 반응하고, 특히 오빠랑 비교하는 것을 싫어했다.

그러던 어느 날, 피아노 선생님 댁에서 돌아온 아이가 말했다.

"엄마, 피아노 배우기 싫어요. 나 그만 다니고 싶어요."

"왜? 피아노 치는 게 재미없니?"

"아니. 그건 아니고 피아노 선생님 때문에 싫어요."

"선생님이 뭐라고 하셨어? 꾸중 들은 거야?"

"꾸중하는 건 괜찮아요. 그런데 기분 나쁘게 말하잖아요."

"어떻게 말하시는데?"

"피아노를 잘 못 치면 연습하라고 하면 되죠. 피아노 못 치는 게 공부하고 무슨 관계 있어요? 오늘은 연습 많이 안 하고 갔거든요. 그래서 틀렸어요. 그런데 어떻게 말했냐면요 '너 피아노 치는 거 보니까 왜 공부를 못 하는지 알겠다. 오빠는 미국 갔다 왔어도 공부 잘하잖아' 그랬단 말예요."

아이는 몹시 억울한 듯 선생님 흉내까지 내고 있었다.

피아노 선생님 집은 같은 아파트 같은 동이어서 선생님은 엄마와도 잘 알고 남매에 대해서도 잘 알고 있었다. 아이 얘기를 통해서 알게 된 사실은, 아이가 피아노 치기를 싫어하는 것이 아니라 선생님 꾸중 때문에 자존심이 상했다는 것이다. 엄마는 아이와 잘 의논하고 피아노 선생님께도 부탁드린 후 계속 피아노 레슨을 받기로 했다.

●타인과 비교하거나 다른 문제에 빗대어 꾸중하는 것은 좋지 않다

사람은 누구나 비교당하는 것을 싫어한다. 자신의 존재 자체로 인정받고 싶어한다. 아이도 마찬가지다. 비교를 하면 비교하는 사람도 싫고 비교당하는 대상도 싫어진다. 어른들이 무심코 한 비교는 형제관계나 친구관계에 좋지 않은 영향을 미칠 수 있다. 아이들이 비교당했을 때 특히 싫어하는 말은 공부에 대

한 것이다. 아이들에게도 공부는 민감한 문제다. 공부를 잘하는 것이 중요하고 부모가 공부 잘하기를 바라는 것도 안다. 하지만 공부를 잘하는 건 마음대로 되지 않는 일이기 때문이다.

인영이는 피아노 선생님의 부적절한 꾸중 때문에 하마터면 피아노 치는 것까지 그만둘 뻔했다. 선생님은 아이가 가장 싫어하는 방법으로 꾸중했다. 피아노와는 상관없는 공부를 비교해서 오빠에게 느끼던 열등감을 자극한 것이다. 피아노 선생님은 아이에게 자극을 주어 더 열심히 피아노를 치게 하려는 목적이었겠지만 자존심이 상한 아이는 선생님이 싫어졌고, 그래서 피아노를 치지 않겠다고 한 것이다.

이럴 때 엄마가 잘못 대처하면 아이 문제의 본질을 파악하지 못한다. 문제의 본질을 파악하려면 충분한 대화를 해야 한다. 그러기 위해서는 우선 아이 말을 잘 들어서 솔직하게 얘기하고 싶어지도록 분위기를 이끌어야 한다. 아이에게 충분히 말할 기회를 주지 않고 성급하게 문제를 진단해 해결책을 찾으면 좋은 해결책이 나올 수 없다.

아이가 피아노를 치지 않겠다고 하는 데 초점을 맞추면 그만두게 하거나 내용도 모르는 채 계속 다니도록 강요하게 된다. 피아노 치는 것 자체가 싫지 않은 아이에게 그만두게 하는 것은 좋은 해결책이 아니다. 또 아이의 불편한 마음을 그대로 둔 채 계속 피아노를 배우게 하는 것도 효과적일 수 없다. 엄마는 아이와의 대화를 통해서 문제를 정확하게 파악했고, 바람직한 해결책을 찾았다.

칭찬과 꾸중

아이는 엄마의
노력으로 완성된다

제4장

지금까지 잘못하고 있었던 칭찬 · 꾸중 · 격려 이제부터 바꿔보자

이 장 44~48의 사례는 〈야단을 삼키지 못하는 아이〉라는 주제로 한 일간지에 소개되었던 내용이다. 사례별로 필자가 도움말을 썼었는데 신문 지면 관계상 충분히 언급하지 못했던 점이 있어 다시 상세하게 구체적으로 다루었다. 다섯 사례에 등장하는 아이들의 공통점은 모두 모범생이라는 점이다. 이들은 똑똑해서 평소 주위의 부러움을 사고 어른들의 칭찬을 많이 받아왔다. 그러나 늘 칭찬을 받아온 아이들은 꾸중 듣는 것을 싫어하고 꾸중을 들으면 못 견딘다. 이렇게 똑똑한 모범생들에게도 문제는 있는 법. 실패를 두려워하지 않고 실패와 동고동락할 수 있는 힘을 키울 때 진정한 모범생이 될 수 있다. 49~58에서는 엄마들이 지금까지 잘못해오고 있었던 꾸중을 어떻게 바꾸어가고 있는가에 초점을 맞추었다.

44 동생을 잘 챙기느라 힘든 아이

다섯 살 석진이와 네 살 예진이는 연년생 남매다. 현직교사인 엄마는 큰아이에 대한 믿음이 크다. 연년생 동생을 챙기는 모습이 아이 답지 않게 의젓해서 대견하기도 하다. 동생은 오빠가 어린이집에 가면 허전해서인지 찾으며 울곤 한다.

주변에서 남매를 보면 "너희들만 같았으면 좋겠어" 하고 부러워하기도 한다. 하지만 엄마에게는 남모르는 고충이 있다. 잘못할 때 혼이라도 낼라치면 아이가 스트레스를 너무 받는 것이다. 석진이는 한번 혼이 나면 눈물을 뚝뚝 흘리면서 장난감을 던지거나 방문을 닫고 나오지 않는다. 평상시에는 전혀 볼 수 없었던 모습인데, 엄마는 아이가 매우 상처를 받는 것 같아 걱정이다.

●자기감정에 솔직할때 칭찬하자

주변에서 부러워하는 모범생으로 사는 아이는 스트레스가 많을 수 있다. 다른 사람의 평가나 기대에 맞추기 위해 아이는 자신의 욕구를 누르고 양보해야 하기 때문이다. 아이가 쌓인 스트레스를 적절히 해소하지 못하면 정신건강에 나쁜 영향을 끼칠 것이고 해소하는 방법이 적절하지 못할 때는 돌발행동으로 나타날 수도 있다.

다섯 살밖에 안 된 아이가 연년생 동생을 챙기고 직장을 가진 엄마의 기대에 맞추어 행동한다는 것은 많이 버거울 수밖에 없다. 석진이는 평소 다른 사람들의 칭찬을 많이 받았을 것이다. 동생을 잘 챙기는 아이가 대견하니까 엄마도 그럴 때마다 칭찬했을 것이고, 그럴수록 아이는 어른의 칭찬 기준에 맞추기 위해서 자신이 원하는 것을 양보했을 것이다.

어른들이 흔히 하는 칭찬은 평가적인 칭찬이다. 아이의 행동을 어른들의 기준에서 잘했다, 못했다고 판단내리는 방법.

"너는 참 착하구나."

"너는 정말 똑똑하다."

"잘했어, 훌륭해."

"좋은 오빠군."

"씩씩한 아들이야."

아이는 이러한 평가적인 칭찬을 들으면서 어른에게 길들여질 수 있다. 어른은 말을 잘 듣는 아이에게 더 많은 기대를 하게 되고, 아이는 어른의 기대에 맞추기 위해 자신의 욕구를 더욱 누르고 양보하게 된다. 이렇게 해서 쌓인 억압된 욕구가 아이에게는 감당하기 힘든 스트레스가 된다. 그래서 평상시에 말 잘 듣고 착하던 아이가 가끔 돌발적인 행동을 해서 엄마를 놀라게 하고 난감하게 만든다.

석진이의 경우, 우선 엄마가 아이에 대한 기대를 좀 내려놓고 다섯 살 아이로 눈높이를 맞추는 것이 좋다. 그래서 아이가 모범생 역할에 대한 부담에서 해방되도록 하는 것이다. 아이가 어른 기준에 맞는 행동을 했을 때는 칭찬하기보다 관심을 보이지 않는 방법이 좋다.

반면 아이의 행동이 다섯 살 아이다울 때, 자신의 욕구를 솔직히 드러낼 때 관심을 보이고 평가하는 칭찬 대신 엄마의 솔직한 마음을 긍정적으로 표현하는 것이 좋다.

예를 들면, 장난감을 동생에게 양보하지 않고 자기가 갖겠다고 할 때 이렇게 말해보자.

"그 장난감 좋아하는구나. 솔직하게 갖고 싶은 걸 말해주니까 석진이 마음을 알 수 있어서 엄마도 좋아."

그러면 아이는 자연스럽게 자기 감정에 솔직해지고 나이에 어울리는 건강한 행동을 할 것이다.

엄마의 태도가 바뀌면 아이의 행동은 변한다. 그렇다면 현재 상황에서 아이의 돌발행동에 대해 엄마는 어떻게 대처하는 것이 좋을까? 아이가 눈물을 뚝뚝 흘리고 서럽게 울 때는 충분히 울 수 있도록 두는 것이 좋다. 울고 싶은 만큼 울고 나면 부정적인 감정이 정화되기 때문에 아이가 심리적으로 편안해질 것이고 다시 건강해질 것이다.

45 칭찬받을 일이 아니면 회피하는 아이

초등학교 1학년생인 우혁이는 수학을 매우 잘해서 학교나 집에서 늘 칭찬을 받는다. 우혁이에게 논술을 가르치는 선생님도 아이의 수학 실력에 감탄하고 칭찬을 아끼지 않았다.

얼마 전 아이가 책을 읽고 독후감을 쓰는 활동에 전혀 관심을 보이지 않는 것을 보고 논술 선생님은 "독후감도 써야지. 독후감도 중요해" 하고 일상적으로 말했다. 그런데 아이는 다음 시간부터 아예 논술 수업에 나오지 않는 것이다. 수학시간에는 잘 나오고 있다는 수학 선생님의 말에 논술 선생님이 아이 엄마에게 전화를 했더니 우혁 엄마는 원래 우혁이가 자신 없는 과목에는 관심조차 갖지 않는다고 했다. 수학을 워낙 잘해서 칭찬만 받다보니 칭찬하는 말이 아니면 '야단이나 꾸중'으로 받아들이는 경향이 있다고 했다. 엄마 역시 칭찬 아니면 전혀 수긍하려 하지 않고 야단맞을 것 같은 일은 아예 회피하는 성향을 보여 걱정스럽다고 했다.

아이가 모든 과목을 다 잘해야 하는 것은 아니다. 수학을 잘하는 아이에게 독후감 쓰기도 잘하라고 요구할 수는 없다. 그렇다고 이제 초등학교 1학년생인 아이가 과목에 대한 선호도를 결정해서 칭찬받는 수학만 공부하는 것도 곤란하다. 기본과목은 상당한 기간을 공부해야 하는데 칭찬받지 못한다고 그 과목을 안 하려고 한다면 문제다.

우혁이처럼 특별한 과목에 타고난 재능이 있거나 흥미가 많은 경우에는 노력한 것보다 좋은 결과를 얻을 수 있다. 이럴 때는 쉽게 얻은 결과에 칭찬하기보다 노력한 양에 맞는 칭찬을 해서, 노력하는 과정이 중요하다는 것을 알려줄 필요가 있다. 특히 열심히 노력했는데 결과가 신통치 않을 때 잘못했다고 꾸중하면 아이의 의욕을 꺾는 것과 같다.

아이가 열심히 노력한 것에 대해서는 칭찬할 수 있다.

"여러 시간 애써서 노력한 게 참 대견해."

"열심히 노력하는 것은 무엇보다 중요해."

"너의 끈기가 엄마를 흐뭇하게 했단다."

아이가 결과에 대해 만족하지 못하고 속상해한다면 그 부분에 대해서는 칭찬이나 위로가 적절하지 않다.

"그래도 잘했다."

"다음에 잘하면 되지."

"괜찮아. 용기를 내."

이같은 말은 대체로 아이에게 도움이 되지 않는다. 속상한 아이는 엄마가 자기 마음을 몰라준다고 여겨 더이상 대화를 하고 싶어하지 않게 되어 대화 또한 단절된다.

결과에 만족하지 못해서 속상한 아이의 마음을 읽어주는 말을 하면 대화가 지속되고 아이의 속상한 감정이 해소된다. 더 잘하고 싶고 나아가 더 잘할 수 있는 방법을 스스로 찾을 수 있을 것이다.

"열심히 했는데 결과가 마음에 안 차구나?", "잘하고 싶었는데 맘대로 안 돼서 실망했구나?", "생각한 만큼 잘 안 되니까 힘이 빠졌구나?" 와 같은 대화를 시작하면 좋다.

우혁이가 칭찬받을 수 있고 좋아하는 과목만 하도록 엄마가 방치하는 것은 바람직하지 않다. 그렇다고 아이에게 싫어하는 과목을 하라고 강요하는 것도 옳지 않다. 아이가 수학 외에 다른 과목에도 흥미를 느낄 수 있도록 관심을 갖고 도와줘야 한다. 자신 없는 과목에 대해서는, 특히 결과에 대한 꾸중을 하지 말고 아이가 관심만 보여도 그 과정에 칭찬을 해줄 필요가 있다.

"우혁이가 동화책을 읽고 있네. 보기가 참 좋구나."

"우혁이가 동화책 읽으면서 웃고 있네. 엄마 기분도 좋아."

"우혁아, 읽고 싶은 책 찾고 있어? 어떤 책을 읽을까?"

이런 식으로 말하면서 아이가 관심을 좀더 갖도록 도와줄 수 있다.

말은 '아' 다르고 '어' 다르다. 작은 차이가 큰 차이로 느껴지기도 하지 않는가.

논술 선생님이 우혁이에게 한 말 "독후감도 써야지"는 "독후감 쓰기가 없네"와는 다르다. 앞의 말은 아이의 잘못을 지적하는 말로 당연히 써야 할 것을 안 썼기 때문에 잘못했으니 시키는 대로 따르라는 의미다. 반면, 뒤의 말은 아이의 잘못을 지적하고 지시하는 말이 아닌 현재의 상황, 사실을 말한 것이다.

이렇게 사실만 전달하면 야단맞는 느낌이 별로 안 든다. 그래서 아이는 기분이 덜 나쁘거나 안 나쁘기 때문에 사실을 인정하고 싶고 자신이 할 일을 거부감 없이 하게 된다. 물론 말의 내용보다 더 중요한 것은 말하는 방법이나 표정 등이기 때문에 내용만으로 그 차이를 말하기에는 불완전하다.

선생님이나 부모가 모든 아이들을 대상으로 이렇게 예민한 차이에 조심해야 한다는 말은 아니다. 우혁이처럼 말 한마디에 민감하게 반응하는 아이는 조심할 필요가 있다는 것이다.

46 야단치면 겁을 먹고 토하는 아이

초등학교 1학년생 외동아들 기준이는 또래보다 키도 훨씬 크고 매사에 똘똘하다. 유치원 다닐 때도 '바른생활 사나이'로 불릴 만큼 어른들 마음에 쏙 들게 행동했다. 따라서 어른들의 칭찬이 늘 따라다녔다.

기준이는 어려서부터 야단맞는 것과 지는 것에 예민하게 반응했는데, 스스로 야단맞는 상황을 잘 안 만들려고 애를 썼다. 4~5세 때에는 엄마가 야단을 치려고 하면 지레 겁을 먹고 울다가 토하기를 반복했다. 최근까지도 아이는 토하면 야단이 멈춘다는 생각에 야단만 치면 토하려 해서 엄마는 걱정이 많다. 또 사소한 게임에서도 잘해야 하고 무조건 이겨야 한다는 강박관념에 시달리는 것 같아 엄마의 마음이 편치 않다.

야단을 맞을 때 토하는 것은 야단맞고 싶지 않은 아이의 절박한 마음이 신체적으로 거부하는 반응이 되어 나타난 것이다. 생각이 감정을 움직이고 감정이 신체적인 반응으로 나타나는 것은 의도적이거나 의식적이라기보다 자연발생적 현상이라고 할 수 있다. 잠을 못 자서 띵한 머리를 맑고 상쾌한 머리로 바꾸고 싶다고 해서 곧바로 맑아지지 않는다. 어떤 일로 우울한 감정에 빠졌을 때 그 감정을 떨쳐버리고 싶어도 금방 마음대로 되지 않는다. 또 다른 일을 골똘히 생각하다 다른 생각으로 바꾸려고 해도 쉽지 않다. 그렇지만 앉아 있다가 일어선다거나 가만히 있다가 움직인다거나 하는 것은 의지에 따라 가능하다.

인간은 자신의 생각을 완전하게 통제할 수 없다. 감정을 통제하는 것은 생각을 통제하는 것보다 더 어렵다. 신체적인 반응을 통제하는 것은 감정을 통제하는 것보다 더 어렵다. 인간의 의지로 가장 통제하기 쉬운 것은 자신이 '활동하기action'이고 가장 어려운 것이 신체적으로 나타나는 반응을 자기 의지대로 바꾸는 것이다. 토하는 것뿐 아니라 땀이 나는 것, 머리가 아픈 것, 배가 아픈 것, 졸음이 오는 것 등 수없이 많은 신체의 반응 중에 자신의 의지대로 쉽게 바꿀 수 있는 것은 없다.

이상의 내용은 유명한 정신과 의사 윌리엄 글래서가 만든 심리치료 기법인 '현실요법'의 이론을 빌려 설명한 것이다.

기준이가 토하는 것을 못 하게 꾸중하거나 비난하는 것은 문제해결에 도움이 되지 않는다. 아이를 위해서는 야단치는 방법을 바꾸고 또 아이가 야단맞는 것을 감당할 수 있는 힘을 기르도록 도와주는 것이 좋다.

다른 사람에게 지는 것을 못 견디고 모든 일에 이기려고만 하는 아이에게는 다양한 활동을 시켜서 자연스럽게 이길 수도 질 수도 있다는 것을 경험하게 하면 좋다. 개인 대 개인의 게임이나 운동경기 외에 단체게임이나 단체경기를 하면 좋다. 협동하는 것도 배우고 게임에서 졌을 때도 다른 아이들과 함께할 수 있기 때문에 편안하게 승패의 결과를 받아들일 수 있을 것이다.

야단맞는 것에 과민반응을 보이는 아이에게는 적절하게 야단치는 방법을 선택할 필요가 있다. 아이의 자존심을 건드려 상처가 나도록 꾸중할 것이 아니라 아이의 잘못된 행동에 초점을 맞추어 꾸중해야 한다.

"너는 틀렸다."

"넌 왜 그 모양이냐."

"너 정말 말썽쟁이구나."

"너 언제 철들 거니."

"넌 생각이 없는 아이구나."

이처럼 아이의 존재, 인격을 비난하거나 부정하는 꾸중은 아이 마음에 상처를 준다.

"휴지를 방바닥에 그냥 두면 엄마가 치워야 하니까 힘들어."

"옷을 벗어서 의자에 두면 앉을 때 불편해."

"숙제를 늦게 끝내면 엄마도 피곤해."

"게임에 졌다고 화를 내면 너하고 게임하고 싶은 마음이 사라져."

"의자 위에서 뛰면 먼지가 나고 의자가 망가질까 봐 걱정돼."

이런 식으로 말하면 아이는 엄마가 자신을 미워한다고 생각하기보다 자신이 한 행동이 잘못되었다고 생각할 수 있다.

기준이는 외동아들이다. 외동아이라서 좋은 점도 있고 나쁜 점도 있다. 외동아이는 경쟁자인 형제자매가 없기 때문에 무엇이든 나누어 가질 필요가 없다. 그래서 보통 욕심이 없고 순수하고 착한 편이다. 그런 반면 당연히 무엇이든 혼자 차지해왔기 때문에 나눠 갖는 것을 모르고 이기심을 키울 수도 있다.

한편, 여러 형제가 있으면 부모의 관심이 분산되어 한 아이에게 집중되지 않지만 외동아이의 경우에는 자연스럽게 또 어쩔 수 없이 관심이 집중된다. 부모의 관심과 사랑을 충분히 받으면 심리적으로 안정되고 정서적으로 건강한 아이로 클 수 있다. 그러나 관심이 지나치면 간섭, 통제를 하게 되어 아이를 불편하게 하고 부자유스럽게 한다.

기준이의 경우 형제가 없기 때문에 기본적인 인간관계의 경험이 부족할 수 있다. 형제끼리 어울려 이기기도 하고 지기도 하면서 사회생활의 기본기를 닦을 수 있는데 외동아이는 이런 점에서 불리하다. 외동아이의 부모는 지나친 관심이나 과잉보호의 함정에 빠지지 말아야 한다. 아이에게 자율적으로 행동할 수 있는 다양한 경험의 기회를 만들어줄 필요가 있다.

47 학교에서 대표적인 완벽한 모범생의 문제

초등학교 5학년생인 하영이는 학교에서 대표적인 모범생이다. 반장을 맡고 있을 뿐 아니라 글짓기, 미술 등 교내대회마다 상을 휩쓴다. 또한 교내기자로 맹활약하고 있고, 교외의 각종 경시대회나 시험에서도 예외는 아니다. 수학경시대회, 한자급수시험 등 참가하는 시험마다 이름을 떨친다. 교장선생님도 하영이에게 '우리학교의 자랑'이라는 표현을 아끼지 않을 만큼 완벽한 아이다.

그런 하영이에게 요즘 혹독한 시련이 닥쳤다. 다니는 교회에서 뽑는 '리더십' 코스를 통해 선발된 리더 양육과정에서 꾸중을 듣기도 하는데 하영이는 이를 너무 견디기 힘들어한다. 주말만 되면 아이 얼굴에 그늘이 질 정도다. 엄마도 힘든 건 마찬가지다. 처음 몇 번은 달래봤지만 그런다고 효과가 있는 것도 아니고 해서 엄마도 난감하기만하다. 엄마는 성적에도 관계없는 일 때문에 아이가 힘들어하는 것을 두고봐야 할지 고민이다.

●과잉칭찬보다 격려로 힘을 실어주자

 아이의 지금 모습은 성장과정의 한 단계일 따름이다. 내일이면 또 다르게 변하면서 성장해갈 것이다.

초등학교 고학년이 되면 여자아이가 남자아이보다 여러 면에서 성장이 빠르다. 사춘기도 빨리 오고 신체적, 정신적으로도 우월해진다. 그래서 흔히 '남자보다 여자가 빨리 철든다'고 하지 않는가. 초등학교 고학년의 경우 학교에서 두드러지게 이름을 떨치거나 모범적인 아이가 여학생이 더 많은 것도 이러한 이유일 것이다.

초등학교 시기는 성공이라는 경험을 통해 자신감을 키워야 하는 중요한 단계다. 이 시기에 키워진 자신감은 적극적으로 긍정적으로 일생을 살아갈 수 있게 하는 힘이 되기 때문이다.

하영이가 학교생활에서 성공적인 경험을 많이 한 것은 좋은 일이다. 그렇지만 앞으로 하영이가 해야 하는 모든 일에서 다 성공한다는 보장은 없다. 비단 하영이뿐만 아니라 어떤 사람도 모든 일에서 성공할 수는 없다. 대단히 성공한 사람들도 큰 성공을 이루기 전에 많은 실패를 경험했을 것이고, 그 실패를 잘 딛고 일어섰기 때문에 인생에서 큰 성공을 거둘 수 있었을 것이다. 따라서 성공경험만큼 중요한 것은 실패를 감당할 수 있는 힘을 키우는 것이다.

아이들은 성장하면서 크고 작은 실패의 경험을 한다. 실패를 딛고 우뚝 서기 위해서는 부모의 격려가 필요하다. 격려를 통해서 힘을 얻지 못하면 실패는 실패 자체로 끝나거나 실패 때문에 좌절하고 포기할 우려가 있다.

어린 시절 지나치게 성공가도를 달리는 것은 축복이 아닐 수도 있다. 실패를 통해 인간은 더욱 굳건해지는데 나이에 맞춰서 굳건하게 다져지는 기회를 갖지 못하기 때문이다. 그런 면에서 하영이의 '리더십'코스를 통한 실패경험은 오히려 좋은 성장의 기회가 될 수 있다.

지금 하영이는 실패를 감당할 수 있는 힘이 부족하다. 그래도 이 기회에 힘을 키워야 하고 그러기 위해서는 엄마의 격려가 절대적으로 필요하다. 격려는 칭찬과는 다르다. 때로는 칭찬이 격려가 될 수도 있지만 하영이에게는 아니다. 하영이는 지금까지 칭찬을 많이 들어왔을 것이다. 그래서 오히려 과잉칭찬으로 인한 부정적인 영향이 있을지도 모른다. 그리고 지금 하영이가 직면하고 있는 문제는 하영이에게 힘겨운 상황이기 때문에 힘을 실어줄 수 있는 격려가 필요하다.

"넌 잘할 수 있을 거야."

"넌 똑똑한 아이잖니."

"힘내."

이같은 위로는 하영이에게 좋은 격려가 아니다. 이러한 위로는 하영이처럼 많이 힘들고 의기소침해 있는 아이에게는 별 도움이 되지 않는다. 의례적으로 하는 말처럼 들릴 수 있고 자신의 처지를 전혀 이해하지 못하는 말로 들릴 수 있기 때문이다. 그래서 마음의 문을 열고 대화하고 싶은 마음이 생기지 않는다.

엄마가 하영이를 가장 잘 도와주는 방법은 하영이 스스로 자신의 문제를 정확하게 인식하고 감당할 수 있도록 힘을 실어주는 것이다.

그러기 위해서는 우선 하영이의 마음을 공감해주어 힘들고 속상한 점을 솔직히 터놓고 말할 수 있도록 해야 한다. '가지 않는 길'로 유명한 미국 시인 로버트 프로스트는 "교육이란 화를 내거나 자신감을 잃지 않은 채 거의 모든 말을 다 들어줄 수 있는 능력이다"라고 했다.

아이가 힘들어한다고 엄마가 문제 자체를 해결해주거나 아이에게 충분히 말할 기회를 주지 않은 채 화를 내거나 비난하지 않아야 한다. 하영이 엄마는 아이와 대화할 수 있는 기회를 만들어 아이의 마음을 읽어주는 말로 대화를 시작하는 것이 좋다.

"하영아, 많이 힘들지?"

"하영아, 리더십 코스 하느라 속상하지?"

"하영아, 꾸중 들어서 많이 속상하구나."

"우리 하영이 꾸중 때문에 자존심 상했구나."

"리더십 코스가 너무 견디기 힘들지."

이처럼 진심으로 아이를 도와주고 싶은 마음으로 다가가야 한다. 모범생으로 엄마의 기대를 충족시켜왔던 아이가 쉽사리 마음을 열고 자신의 부족한 점이나 잘못한 것을 터놓지 않을 수도 있다. 엄마는 한 번의 시도로 성공하지 못했다고 실망하지 말고 다음 기회를 또 만들어야 한다. 엄마의 진심이 간절하면 분명 그 진심이 아이에게 전달될 것이다.

'실수 안 하는 것도 실력'이라는 말이 준 상처

초등학교 5학년생인 큰딸 희은이는 점수나 등수에 민감하다. 평소 상위권 성적을 유지하고 공부도 열심히 하는 희은이에게 수학학원에서 경시대회에 나갈 것을 권유받아 경험이라는 생각에 참가했다. 처음 치르는 외부시험이라 꽤 긴장했지만 집으로 돌아온 아이는 잘 치렀다며 자신 있는 모습을 보였다.

그런데 몇 주 뒤 점수를 확인해보니 20점이었다. 엄마의 충격도 충격이지만 아이는 한동안 말을 못 할 정도로 큰 충격을 받았다. 온라인 사이트에 올라와 있는 시험문제를 다시 풀어보니 쉽게 잘했다. 아마도 긴장해서 시험답안지를 밀려 썼던 모양이다.

엄마는 위로 겸 다시는 그런 실수를 하지 말라는 뜻으로 "실수 안 하는 것도 실력"이라고 말했다. 그러나 그 말을 들은 아이는 자정이 넘도록 울더니 일주일 정도 엄마와는 말도 안 하고 화가 난 상태로 지냈다. 엄마는 심하게 꾸중을 한 것도 아니고 엄마로서 충분히 할 수 있는 말을 한 것뿐인데 아이가 지나치게 민감한 반응을 보여 난감할 뿐이었다.

●옳은 말이 곧 적절하고 좋은 말은 아니다

 5학년 여자아이는 대체로 사춘기이고 매우 예민한 시기다. 사소한 일에도 예민하게 반응하기 때문에 조심스럽다. 뿐만 아니라 사춘기 여자아이들은 남자아이들보다 더 계획적이고 꼼꼼한 특성을 갖고 있기도 하다. 그렇다고 부모가 다 받아주거나 양보해야 한다는 말은 아니다. 즉 승패의 관계를 만들어서 이기거나 지는 역할을 할 필요가 없다. 이 시기에는 사랑과 관심을 갖고 지켜보되 간섭하거나 참견하는 것은 줄여야 한다.

희은이의 경우는 공부를 잘하고 점수에 민감하다고 했다. 점수에 민감하기 때문에 시험 볼 때 더 긴장하고 긴장하기 때문에 평소에 하지 않던 실수를 한 것이다. 시험을 볼 때 답안지를 밀려 쓰는 경우는 흔히 있다. 입시처럼 중요한 시험에서 한 실수가 아니니 그나마 다행이다. 아이는 자신의 실수 때문에 너무 속상하고 엄마 보기에 민망하고 창피했을 것이다.

엄마가 아이에게 '실수 안 하는 것도 실력'이라고 한 말은 옳은 말이지만 인간관계에서 옳은 말이 적절하고 좋은 말이라고는 할 수 없다. 부모가 자녀에게 하는 말은 대개 옳은 말이지 그른 말이 아니다. 그런데도 아이들은 부모의 말을 듣기 싫어하고 거부하고 반항한다. 상황에 따라서 옳은 말은 좋은 말이 되기도 하고 싫은 말이 되기도 한다.

사춘기 자녀의 경우에는 부모가 하는 대부분의 말이 부적절하고 싫은 말이 된다. 그래서 사춘기 자녀의 부모들은 말을 많이 할 것이 아니라 아이의 말을 잘 들어주는 것이 좋다.

희은이는 실수로 시험을 크게 망친 것 때문에 속이 많이 상해 있다. 마음이 편안할 때라면 엄마가 하는 옳은 말이 기분 나쁘지 않게 들렸을 것이다. 그렇지만 마음이 많이 상해 있는 아이에게는 어쭙잖은 말도 상처가 될 수 있다. 엄마는 위로 겸 주의하라고 한 말이었지만 아이에게는 질책이나 빈정거림으로 들렸을 수 있다. 그래서 사춘기 아이들은 어렵고 조심스러운 존재다. 유명 대학병원의 정신과의사 겸 교수인 어떤 분은 "사람을 두 종류로 나눌 수 있는데 한 종류는 청년기 자녀를 키워본 사람이고, 또 한 종류는 그렇지 않은 사람"이라는 말을 했다. 청년기 자녀를 키워본 경험은 사람의 종류를 다르게 분류할 수 있을 만큼 힘든 일이라는 뜻이다. "부모는 자녀를 통해서 한 인간으로 성숙한다"는 말도 있다.

10년도 더 지난 일이라며 좋은 부모가 되기 위해 공부하던 한 엄마는 이웃의 가슴 아픈 얘기를 다음과 같이 전했다.

중학교 때 늘 1등만 하던 아이가 고등학교 1학년 때 학급에서 5등을 했다. 아이에 대한 기대가 컸던 엄마는 많이 실망해서 아이에게 말했다. "이 성적으로 어떻게 대학에 갈 수 있겠니?"라고. 단지 엄마가 아이를 꾸중한 말은 이 말이 전부라고 그 엄마는 얘기했다고 한다. 그런데 그 아이는 그날 밤 고층 아파트에서 뛰어내려 스스로 목숨을 끊었다고 했다.

사춘기 아이들은 유리그릇을 다루듯이 조심해야 한다. 아이의 타고난 본성을 믿고 지켜보면서 기다리는 것만큼 좋은 방법은 없다.

희은이 엄마가 한 옳은 말 '실수하는 것도 실력'이라는 말이 희은이에게는 가혹하게 상처를 건드린 말이 된 것이다. 희은이 엄마가 했어야 할 좋은 방법은 아이를 수용하고 공감해서 도와주는 방법이었다.

"희은아, 많이 속상하지?"

"실수한 게 생각할수록 기막히지?"

"잘했다고 생각했는데 어이없는 점수에 실망스럽지?"

이런 식으로 아이의 마음을 읽어주는 것이 좋다.

말하는 내용보다
표정관리가 더 중요하다

정규가 초등학교 5학년 때의 일이다. 정규 아빠는 아이의 공부나 성적에 관심이 많았다. 학생이 공부를 잘하는 것은 무엇보다 중요한 일이라고 생각했기 때문에 아이에게 채근도 하고 독려도 했다. 아이도 아빠의 방식에 잘 따라주었고 학업성적도 만족스러운 수준을 유지했다. 그런데 5학년이던 어느 날 수학시험지를 본 아빠는 실망을 금할 수 없었다. 예상치도 않았던 낮은 점수에 아빠는 할 말을 잃었다. 아이에게 어떤 말을 하고 어떤 태도를 취해야 할지 막막하기만 했다.

호되게 꾸중을 하고 나무랄까 생각했지만 심하게 꾸중을 하면 아이가 혹시 반발할지도 모른다는 생각에 그만두었다. 그뿐 아니라 자존심에 상처를 주면 아이가 기가 죽어서 자신감을 잃을까 염려되기도 했다. 꾸중하고 싶은 마음을 간신히 누르고 아이에게 말했다.

"다음부터 잘하면 돼. 또다시 이런 점수를 갖고 오면 안 된다."

189

그리고 아빠는 스스로 대처방법이 만족스러웠고 잘한 일이라고 생각했다. 아이에게 원색적인 비난을 하지 않았고, 심하게 꾸중하지도 않았고, 이성적으로 잘 말했다고 생각했다.

그후 2년이 지났고 정규는 중학생이 되었다. 아빠는 사춘기 때문인지 확실한 이유는 파악 안 됐지만 아이가 점점 자신을 멀리한다는 느낌을 받았다. 공부도 열심히 하지 않는 것 같았고 아이와 대화를 하려고 해도 쉽지 않았다.

답답한 아빠는 아이와 좋은 관계를 갖고 아빠역할을 잘하고 싶은 마음으로 새로운 공부를 시작했다. 의사소통 방법을 공부하면서 어느 날 아이와 대화를 시도했다.

"정규야, 아빠는 우리 아들하고 대화를 많이 하고 싶어. 그래서 지금 공부도 하고 있어."

우선 아빠의 바람을 솔직하게 말했다.

"알고 있어요."

아이는 이미 알고 있다고 했다.

"그랬구나. 우리는 부자지간이지? 부자간에 친하게 지내고 싶거든. 그런데 별로 친한 것 같지 않아서그래."

아빠의 마음을 조금 더 전달했다.

"아빠는 공부 못 하면 싫어하잖아요. 전 공부 잘할 자신이 없어요."

아이가 솔직한 마음을 내비쳤다.

"아빠가 공부 채근할까 봐 친해지고 싶지 않았구나? 공부가 부담스러웠나 봐?"

"그렇죠."

"공부 때문에 아빠가 싫어졌구나. 혹시 아빠가 너한테 공부 스트레스를 줬었나?"

"다 지나갔어요."

"뭔가 할 말이 있는 것 같은데 들어보고 싶구나. 아빠가 잘못했으면 고칠게."

아빠의 진심이 전달된 듯 아이는 조금 망설이는 듯하더니 말을 꺼냈다.

"아빠, 나 오학년 때 수학시험 망쳤을 때 생각나세요?"

"……."

기억을 더듬느라 빨리 할 말을 찾지 못했다.

"그때 아빠 표정이 어땠는지 모르시죠?"

아이 얼굴이 굳어졌다.

"글쎄, 잘 생각이 안 나네."

아빠는 얼버무리는 듯 말했다.

"완전 무시하는 표정이었다고요. 기분 진짜 나빴어요."

"그랬니? 그렇게 기분이 나빴어?"

아빠는 아이 말을 인정하고 받아주고 싶었다.

"그때부터 아빠가 싫었어요. 공부도 재미 없었고요."

"아빠가 몰랐구나. 우리 아들 마음이 상한 걸. 지금이라도 얘기해줘서 고마워."

그날 아이와의 대화는 성공적이었다. 아빠에게 마음을 터놓은 아이는 표정이 꽤 밝아 보였다. 아빠는 그날 일을 통해서 표정관리가 얼마나 중요한가를 깨달았다. 자신이 볼 수 없는 자기 얼굴을 상대방은 순간순간 느끼면서 보고 있으니 말이다.

●아이는 말의 내용보다 신체언어에 더 주목한다

 의사소통은 '언어적 표현'과 '비언어적 표현'이 합해져서 완전해진다. '메라비안의 법칙'에 의하면 '언어적 요소'가 45%, '비언어적 요소'가 55%를 차지한다고 한다. 그러니 말보다 몸짓, 표정, 자세, 태도 같은 신체언어가 의사소통에서 더 중요한 것이다.

언어적 요소는 말의 내용과 말씨, 음성, 음색, 억양, 어투 등의 말하는 방법으로 나뉘는데 각각 7%와 38%를 차지한다고 한다. 말의 내용보다 말하는 방법이 훨씬 더 중요한 것이다. 전체의 비중을 생각한다면 말의 내용이 7%이니까 93%가 말의 내용 외적인 요소가 된다. 7%밖에 안 되는 말의 내용 때문에 시시비비를 가려야 할 경우가 많은데 93%를 차지하는 말하는 방법과 태도의 중요성을 간과해서는 더욱 안 된다.

경상도 사투리에 다음과 같은 말이 있다. '가가 가가?'와 '가가 가가가?' 글로 표기된 말의 내용이다. 글의 내용만으로는 의사소통이 불완전하다는 것을 알 수 있다. 말하는 방법, 어투 등을 통하지 않고는 무슨 뜻인지 알 수 없다.

'가가 가가?'는 '그 아이가 그 아이니?'라는 말이고, '가가 가가가?'는 '그 아이가 가씨 성을 가진 아이니?'라는 말이다. 말하는 억양을 통해서 비로소 그 뜻이 전달된 경우다.

말하는 사람의 마음상태는 비언어적 표현을 통해서 상대방에게 느낌으로 전달되기 때문에 의사소통은 말한 내용만으로 완전하게 전달되지 않는다.

정규 아빠처럼 많은 부모들은 착각한다. 자기 기준으로 잘했으면 아이도 좋아하는 줄 알고 있다. 그러나 아이의 기준과 부모의 기준은 다르다. 특히 의사소통에서 자신이 하는 말은 자신의 귀로 들을 수 있지만 말보다 더 영향이 큰 표정은 내 눈으로 볼 수 없다. 단지 상대방의 반응을 통해서 짐작할 뿐이다. 그런데 상대방의 반응에 관심을 갖지 않기도 하고 자기 마음대로 해석하기도 한다. '좋은 관계'는 '좋은 의사소통'으로 이루어지고 '좋은 의사소통'은 노력 없이 저절로 이루어지지 않는다.

50 육아에 지친 엄마와 말 더듬는 아이

유아교육과를 졸업하고 유치원 교사경력이 수년이나 되는 엄마는 자녀교육에 대해 상당한 자신감을 갖고 있었다. 그러나 첫딸을 낳고 두 살 터울로 쌍둥이 아들을 낳아 키우면서 좋은 부모가 될 수 있다고 생각했던 자신감이 점점 사라졌다.

첫째딸은 자기주장이 굉장히 강하고 동생들을 돌보거나 친절하게 대하지 않았고 명령하거나 지시하는 성격이었다. 게다가 쌍둥이 형제끼리는 늘 경쟁을 했는데 음식, 장난감, 부모의 사랑 등 모든 것이 싸움으로 얻어내야 하는 대상이었다.

육아에 지친 엄마는 세 아이의 끊임없는 요구사항을 들어주기 힘들었고 차츰 일상이 짜증스러워졌다. 남편도 아이들에게 사랑을 듬뿍 줄 만큼 여유 있는 성격이 아니었다. 매일 매일 부부가 아이들 일로 지쳐 있을 무렵, 네 살인 쌍둥이 막내에게 문제가 생겼다.

어느 날 놀이터에서 놀고 돌아온 뒤 엄마에게 무엇을 달라고 말을 하는데 그때 아이가 말을 더듬는다는 것을 처음 알게 되었다. 그 이후 날이 갈수록 아이의 말더듬 증상이 심해졌고, 엄마가 노심초사했건만 아이의 문제는 남들도 알아차릴 정도로 심해졌다. 부부는 심각성을 느꼈지만 특별한 대책을 찾지 못했고, 그저 눈앞이 캄캄하고 가슴이 답답할 뿐이었다.

아이가 말을 더듬는 원인이 자신에게서 비롯되었다는 생각이 든 엄마는 친구의 소개로 부모역할에 대해 새롭게 공부를 했다. 그리고 공부를 하면서 부부는 아이들의 요구를 더 많이 수용했다. 그러자 아이들은 서로 경쟁적으로 사랑을 요구해서 엄마 아빠는 더욱 힘들어졌지만 그럼에도 불구하고 엄마는 더욱 노력했다. 지금까지의 잘못되었던 태도를 반성하고 변하기 위해 애를 쓴 것이다.

첫째딸이 동생들에게 명령, 지시적으로 대하는 행동이 여태껏 자신이 첫째에게 보인 태도가 모델이었음도 알게 되었다. 그리고 지금껏 일상생활에서 여유 있게 아이들 말을 경청하지 않은 것도 알게 되었다. 엄마는 세 아이에게 조급한 마음으로 명령, 지시해왔던 태도를 바꾸기 위해 노력했다. 특히 막내의 요구를 많이 수용하려고 애썼고 아이의 마음을 알아주기 위해 노력하기를 멈추지 않았다.

막내의 말에 대해서 일단은 "응", "그래그래", "그랬구나"로 반응했고 아이가 짜증을 내면 "정말 속상했구나"라고 아이의 입장이 되려고 했다. 아이를 대할 때 여유 있는 태도를 보이고, 못마땅한 느낌을 전달하지 않으려고 했다.

"수현아, 천천히 얘기해도 끝까지 들을게."

이렇게 엄마의 태도가 바뀐 지 한 달 정도 지났을 무렵 아이의 말더듬는 증상은 거의 사라졌다. 그후 또 한 달이 지난 지금은 완전히 좋아졌다. 엄마의 끊임없는 노력과 인내, 또 마음의 여유가 아이에게 도움을 줬고 엄마는 참자유를 만끽한다고 했다.

●엄마의 높은 기대수준이 아이를 힘들게 한다

 한 연구에 의하면, 아이에게 지시를 했거나 엄마가 원하는 행동을 아이가 하기를 기대할 때 기다려줄 수 있는 시간이 미국은 7~8초이고 우리나라는 2~3초라고 한다. 미국이 우리나라보다 3~4배 더 기다린다고 할 수 있다. 우리나라 엄마들이 얼마나 여유 없이 살고 있는지 알 수 있다. 바쁜 현대사회의 탓이라고 돌리고 그대로 살 수는 없다. 엄마가 잠시 동안을 기다리지 못하고 채근할수록 아이는 오히려 더 느려진다.

유아교육과나 교육과를 졸업하고 유치원, 학교 교사를 하는 엄마들이 갖고 있는 문제점이 있다. 자신이 지도한 아이들과 자기 아이를 무의식중에 비교하게 된다는 것이다. 그것도 부족한 아이와 비교하지 않고 똑똑하고 우수한 아이와 비교한다는 것. 그러면 아이에 대한 엄마의 기대수준은 높아지고, 기대에 못 미치면 자연스레 아이를 닦달해서 몰아붙인다.

쌍둥이 엄마도 교사 경력에 따른 나름대로의 높은 기대수준이 있었을 것이다. 또 고만고만한 세 아이를 키우면서 현실적으로 여유를 갖기도 어려웠을 것이다. 지치고 조급한 엄마 마음이 막내를 편안하지 않게 했을 것이고 이는 아이가 말을 더듬는 증상을 초래했다. 엄마와 아빠가 여유를 찾고 아이를 많이 수용하는 것으로 아이의 말더듬는 행동은 고쳐졌다. 그래서 아이는 부모하기 나름이라고 하지 않는가.

51 햇볕에 미모사가 따가울까 봐 모자 씌우는 아이

재영이 할머니댁 정원에는 여러 가지 화초와 나무들이 있다. 할아버지의 정성으로 식물들이 얼마나 싱싱한지 보기도 좋았다. 오랜만에 방문한 할머니댁엔 전에 보지 못했던 새로운 화분이 하나 더 있었다. 만지면 잎이 반응하여 움츠러드는 미모사였다. 신기하기도 하고 재미있기도 해서 아이들이 계속 만지며 장난을 쳤다.

"너무 자주 만지면 미모사가 힘들 거야. 우리 미모사를 편하게 해주자."

엄마가 말했다. 그리고 잠시 집 안 청소를 하고 다시 마당으로 나왔는데 아니, 미모사 위에 네 살 재영이가 자기 모자를 걸쳐 놓은 게 아닌가. 그 무거운 모자를 힘겹게 지고 있는 미모사를 보는 순간 속이 상했다. 화가 났지만 우선 심호흡으로 진정한 뒤 아이에게 말했다.

"재영아, 미모사 위에 모자가 있네."

눈에 보이는 대로 사실만 얘기했다.

"네. 해님이가 너무 따가워서 내가 모자를 씌워줬어요."

그때가 6월이었는데 햇볕에 따가울까 봐 자기가 쓰고 있던 모자를 벗어서 미모사에게 씌워주었던 것이다.

만약 엄마가 화부터 냈으면 아이의 마음이 얼마나 아팠을까? 하마 터면 큰일날 뻔한 일이었기에 얼마나 다행인지 몰랐다.

● 주관적으로 해석하지 말고 눈에 보이는 객관적인 사실만을 말하자

아이는 신체적으로 어른의 축소판이 아니다. 신체균형이나 비례가 어른과 다르다. 어른 모습을 작게 그린다고 아이 모습이 되지 않는 것과 같다. 정신적으로도 아이는 어른의 축소판이 아니다. 어른과 같은 생각을 조금 부족하게 하는 것이 아니라 어른과는 다른 아이의 생각체계가 있다. 어른에게선 볼 수 없는 순수한 영혼의 힘이 아이에게는 있다. 그렇기 때문에 아이의 행동은 어른 기준으로 판단하고 평가하지 말아야 한다.

재영이 엄마는 화가 났음에도 지혜롭게 대처했다. 심호흡을 하거나 스트레칭으로 근육을 이완시키는 것은 화를 조절하는 좋은 방법이다. 시간을 더 갖고 감정을 조절하기 위해서는 물을 마시거나 세수를 하면 좋다. "재영아, 미모사 위에 모자가 있네"라고 엄마가 눈으로 본 것만을 말한 방법도 좋았다. 엄마의 판단과 평가가 개입되지 않았기 때문에 아이가 자신의 생각을 편안하게 말할 수 있었다. 그리고 아이의 솔직한 얘기를 통해 엄마는 아이 마음을 이해할 수 있었다.

서로 잘 통하는 모자관계는 행복의 뿌리가 된다.

52 아이의 작은 숙제가 쓰레기에 묻혀 버려졌다

초등학교 2학년생인 지영이는 마음대로 안 되는 일이 있으면 울기부터 한다. 어릴 때부터 말로 표현하기보다 울음으로 해결하려고 해서 엄마를 속상하게 했다.

하루는 아이방을 청소하면서 엄마가 실수를 했다. 오랜만에 대청소를 하느라고 수납장 속의 물건들을 모두 꺼내 정돈하면서 그때 생긴 쓰레기들은 말끔히 치우느라고 다 갖다버렸는데, 그날 저녁 아이는 책가방을 챙기면서 숙제해둔 원고지를 찾았다. 3일 여유를 주고 원고지 4매 정도를 쓰는 숙제였다고 한다. 엄마도 함께 찾았지만 아이가 열심히 써둔 작문숙제는 찾을 수 없었다. 낮에 대청소를 하면서 쓰레기에 함께 묻혀 나간 게 틀림없었다. 숙제가 쓰레기로 버려진 것을 알고 난 아이는 울기 시작했다.

"난 몰라, 어떻게 해. 내일 가져가야 하는데."

난감한 엄마는 아무 말도 할 수 없었다.

"얼마나 힘들게 쓴 줄 아세요?"

아이의 울음은 그칠 줄 모르고 계속되었다. 예전 같으면 아이의 울음을 그치게 하기 위해 엄마는 언성을 높였을 것이다. "다시 쓰면 될 것 아니야", "뭘 그까짓 걸 가지고 울어"라며 오히려 아이에게 야단을 쳤을 것이다. 그러나 엄마는 요즘 공부하고 있는 의사소통 방법대로 해봐야겠다는 마음으로 울면서 투덜거리는 아이의 말을 그냥 들어준 다음, 차분하게 말했다.

"그래 지영아. 무척 속상하지? 열심히 쓴 건데."

엄마의 말은 계속되었다.

"엄마가 잘 살펴보고 버렸어야 했는데. 미안해, 정말."

엄마는 진심을 담아 아이에게 말했다.

"어떻게 하면 좋을까? 쓰레기통에서 찾아볼까?"

엄마가 말하는 동안 아이의 울음소리가 잦아들더니 드디어 울음을 그치고 "엄마, 다시 쓸게요. 썼던 거 생각하면서 쓰면 돼요"라고 했다. 기대하지 않았는데 뜻밖에도 문제가 쉽게 해결된 것이다.

아이는 생각보다 빨리 작문 숙제를 끝냈다.

"엄마, 지난번에 쓴 것보다 더 마음에 들어."

아이는 만족해했다.

"지영이가 먼저 쓴 것보다 더 만족스럽다고 하니까 엄마도 참 좋다."

엄마 역시 환한 낯빛으로 아이를 칭찬했다.

●아이 스스로 문제를 해결하도록 기다리자

 다음은 <맹자>에 나오는 이야기다. 어떤 사람이 자기 밭에 심은 곡식의 싹이 잘 안 자라 싹을 강제로 뽑아 올라오게 했다. 그러고는 자라는 것을 도와주었다고 자랑했다. 그런데 다음 날 보니 싹은 다 말라 죽어 있었다.

지영이 엄마는 예전에는 자신의 기준으로 아이를 평가하고 야단쳤다. 엄마 기준으로 야단치고 가르치는 것은 농부가 싹을 강제로 뽑아 올리는 것과 무엇이 다르겠는가.

세상의 모든 생명체는 각각 자신의 성장지도를 갖고 있다고 한다. 자신의 지도대로 성장할 수 있도록 도와주는 것과 엄마 마음대로 키우려고 하는 것은 다르다.

심리학의 대가 칼 로저스는 다른 사람을 도와주기 위해 갖춰야 할 중요한 특성으로 '상대방에게 위협적인 존재가 되지 말 것', '평가와 판단을 하지 말 것', '상대방을 자신으로부터 분리 · 독립시킬 것' 등을 들었다.

지영이 엄마는 아이의 문제를 자신이 해결해주려고 하지 않고 아이에게 맡겼다. 그랬더니 아이 스스로 거뜬히 문제를 해결하고 만족해했다. 아이는 문제해결을 통해서 새로운 성공경험을 한 것이다.

53 의자란 의자는 모두 딛고 올라가는 아이

생후 20개월이 된 서윤이는 요즘 의자 위에 올라가서 여러 가지 물건을 만지작거리며 탐색하는 것에 열중하고 있다. 식탁의자, 책상의자, 화장대의자 위까지, 의자란 의자는 모두 딛고 올라간다. 엄마는 의자 위에 올라간 아이에게 무서운 표정으로 혼난다고 주의를 주면서 얼른 내려주고 의자를 아이에게서 멀리 치워버렸다. 그러면 아이는 떼를 쓰며 울어대곤 했다.

새로운 방법을 공부한 후 엄마는 태도를 바꿨다.

"서윤아, 서윤이가 의자 위에 올라가면 떨어질까 봐 걱정돼"라고 말하며 매우 걱정스러운 표정을 지어 보였다. 그러나 아이는 여전히 자신이 하고 싶은 일에 몰두할 뿐 내려오려고 하지 않았다. 엄마는 좀더 간절한 표정과 말투로 "서윤아, 떨어질까 봐 엄마가 너무 너무 걱정돼. 우리 서윤이가 떨어지면 엄마는 슬퍼. 그리고 마음이 아파"라고 아이가 듣거나 말거나 상관없이 계속 엄마 마음을 전했다. 이런 식으로 대여섯 번쯤 얘기했을 때, 아이는 의자에서 내려왔다. 지금까지 자기 스스로 내려오는 일이 없었던 아이였다. 아이는 만족한 듯 다른 사람은 알아들을 수 없는 외계어 같은 유아의 말을 하면서 장난감을 갖고 놀기 시작했다.

엄마는 자신의 간절한 호소가 통했는지, 아니면 식탁 위의 물건탐색이 끝나서 내려온 것인지 정확히 알 수 없었지만 그래도 절반은 성공한 것이라고 생각했다. 확실한 건 울면서 강제로 내려졌던 아이가 자발적으로 내려왔다는 사실이다.

엄마는 앞으로 계속해서 더 잘하리라 다짐했다. 아이의 행동이 잘못되었다고 생각될 때 아이에게 지시하고 강요할 것이 아니라 자신의 생각과 감정을 호소력 있게 전달해야겠다고 말이다.

●아이는 솔직하게 진지하게 말하는 엄마의 표정과 태도를 읽는다

유아를 돌볼 때는 안전성이 무엇보다 중요하다. 따라서 엄마는 아이의 안전에 최우선적 관심을 갖는데, 때로는 지나친 염려 때문에 부작용을 낳기도 한다. 아이의 행동을 불안해하고 위험을 예방한다는 생각으로 지나치게 통제하는 것은 잘못이다. 아이가 새로운 경험을 할 기회를 차단하기 때문이다. 위험하지 않도록 환경을 만들어주는 것은 바람직하지만 불안해하면서 사사건건 간섭하는 것은 바람직하지 않다.

행복은 엄마가 아이들에게 만들어주는 것이 아니라 아이들 스스로 느끼는 것이라고 한다. 또 사랑은 엄마가 주는 것이 아니라 아이들 스스로 사랑받는다고 느끼는 것이라고 한다. 인간관계에서 느낌은 매우 중요하다. 느낌은 전류처럼 전달된다고도 한다.

　20개월밖에 안 된 아이와 무슨 대화를 할 수 있을까? 엄마의 뜻을 어떻게 전달할 수 있을까? 이런 의문을 가질 수도 있다. 그러나 아이는 엄마가 하는 말의 의미를 모를지라도 엄마의 표정과 태도를 읽는다. 아이에게 하고 싶은 말을 솔직하게 진지하게 할 필요가 있다. 그렇다고 엄마가 원하는 대로 아이의 행동이 반드시 바뀌는 것은 아니다. 유아는 자기욕구에 충실하기 때문에 원하는 것을 쉽게 포기하지 않는다. 만 두 살 이전에는 못 하게 하거나 금지사항을 가능한 만들지 않는 것이 좋다. 자신의 욕구를 충족시키는 경험을 많이 하면서 아이는 소중한 존재로 사랑받고 있다고 느낄 것이다.

54 언니에게 찬물을 부어버린 동생

초등학교 2학년생인 수진이와 여섯 살 유진 자매는 오손도손 사이 좋게 잘 놀다가도 사소한 일로 다투곤 한다. 엄마가 저녁준비를 하고 있는 동안 자매는 목욕을 하고 있었다. 그런데 다급한 목소리로 큰아이가 엄마를 찾았다.

"엄마, 엄마, 엄마!"

엄마가 놀라서 화장실 문을 열었더니 큰아이가 흥분한 목소리로 말했다.

"유진이가 나한테 찬물을 부었어."

작은아이는 욕조 밖에 나와 있었고 수영모자를 들고 있었다. 수영모자에 찬물을 담아 언니에게 부은 것 같았다. 따뜻한 물속에서 갑자기 찬물 세례를 받았으니 정말 화가 났겠다는 생각이 들었다.

"그래 수진아! 정말 차가웠지? 놀랐겠구나."

엄마는 큰아이의 마음을 읽어주었다. 엄마의 말이 끝나자 작은아이는 짐짓 억울하다는 태도로 말했다.

"내가 물을 떠서 들어가려는데 언니가 못 들어오게 했단 말이야. 욕조에서 나갔으니까 들어오지 말라잖아. 언니 혼자 다 쓰려고."

"아, 언니가 욕조에 못 들어오게 해서 유진이가 화가 났던 거였구나."

엄마는 작은아이의 마음도 그대로 알아주었다.

예전에는 이런 상황이면 으레 아이들 말이 정말인지 거짓말인지, 왜 그랬는지, 잘잘못이 누구에게 있는지 따져 묻고는 해결책까지 정해서 엄마가 시키는 대로 따르게 했었다. 그런데 이날은 좋은 부모가 되는 교육을 받은 대로 실천했다. 그랬더니 어느새 아이들 얼굴에서 노여움은 사라지고 멋쩍은 표정으로 변해 있었다.

엄마는 아이들의 마음을 알아줬을 뿐인데 아이들은 각자 자신에게 잘못이 있었음을 알고 상대편이 마음 상했음을 느끼는 것 같았다. 엄마는 곧 화장실에서 나왔고 자매는 다시 즐거운 목욕 시간을 가졌다.

● 캐묻고 따지기보다 아이 스스로 먼저 말하게 하자

판소리 격언에 '귀명창 있고 명창 있다'는 말이 있다고 한다. 소리를 제대로 음미하고 소리꾼 경지의 높고 낮음을 가늠해내는 귀가 있어야 한다는 말로, 곧 수준 높은 청중이 명창을 낳는 법이라고 한다. '일=고수 이=명창'이라는 말도 있는데, 소리를 해석해서 "얼쑤" 하고 추임새를 넣어가며 장단을 맞추는 고수의 '귀의 힘'이 명창의 '입의 힘'보다 크다는 얘기다. 말하는 것보다 듣기가 더 중요함을 강조하는 이야기다.

수진, 유진이 엄마는 자신의 판단대로 아이들에게 지시하지 않고 아이들 말을 먼저 들었다. 아이들을 존중하고 인정했기 때문에 먼저 귀기울여 들을 수 있었다.

부모에게 인정받는 아이는 자신을 소중히 여기고 자신에 대해 자부심을 갖는다. 자신에 대한 자부심을 가질 때 자신감을 가질 수 있고 나아가 자신의 능력을 발휘할 수 있을 것이다.

아이가 말을 듣지 않는다고 탓하기 전에 무심코 습관처럼 던진 말 한마디가 아이의 마음을 상하게 하지는 않았는지 반성해볼 필요가 있다.

55 엄마에게 언니를 혼내주라고 하는 동생

초등학교 3학년생인 민지와 1학년생인 민서 두 딸을 두고 있는 엄마는 집의 아래층에서 가게를 운영한다. 그날도 저녁식사 후 엄마는 가게일로 아래층에 있었고 아빠는 아직 퇴근 전이어서 자매만 집에 있었다.

엄마는 가게에서 작은아이의 전화를 받았다. 아이는 짜증이 섞인 볼멘소리로 투정했다.

"엄마, 언니 때문에 잘 수가 없어. 이불도 못 펴게 하잖아. 엄마가 언니 혼내줘."

이와 비슷한 상황은 자주 있었다. 그럴 때면 엄마는 곧장 해결책을 제시했었다.

"조금 있다 자면 되잖아. 지금 꼭 이불을 펴야 되니?"

그래도 아이가 계속 투정을 부리면 큰애를 바꾸라고 해서 혼내주는 식이었다.

　이러한 잘못된 습관이 자매관계와 모녀관계에 나쁜 영향을 미치고 있다는 것을 알았기 때문에 그날은 다르게 대응했다. 우선 작은아이의 마음을 읽어주었다.

　"언니가 못 자게 해서 속상하구나."

　"그러니까 엄마가 와서 언니 좀 혼내줘."

　아이의 주장이 더 강해졌다.

　"어쩌나, 엄마가 가게를 비울 수가 없는데."

　"그러면 엄마가 전화로 언니 야단쳐."

　아이의 요구도 호락호락하지 않았다.

　"우리 민서, 언니 때문에 화가 많이 났나 보구나."

　엄마는 아이 마음을 또 읽어주었다. 몇 번 투정이 계속되었지만 엄마는 아이 마음을 읽어주면서 이성적으로 대처했다. 그랬더니 갑자기 아이는 "엄마, 내가 너무했나 봐. 됐어요. 알아서 할게요" 하고는 전화를 끊었다.

　아이의 갑작스런 태도변화에 엄마는 기쁘고 신기하기만 했다. 그리고 아이의 태도를 바꾸게 한 요인이 무엇이었을까 생각해보았다. 아이의 마음을 받아주고 알아주기 위해서 애쓴 결과 같았다. 물론 화내지 않았고 해결책을 강요하지도 않았다. 또 '엄마가 속상하다', '엄마가 힘들다', '엄마가 걱정이 된다'와 같이 엄마의 입장을 내세우기보다 아이마음을 더 많이 읽어준 것이 효과적이었다.

● 엄마가 심리적으로 건강한 만큼 아이의 마음을 보살필 수 있다

아이의 행동으로 인해 엄마가 힘들고 속상한 상황일 때는 일반적으로 '속상하다', '힘들다'고 엄마의 부정적인 감정을 개방할 필요가 있다. 그렇게 해서 아이로 하여금 자신의 행동을 돌아보고 수정할 수 있도록 기회를 주는 것이다.

아이가 행동을 수정하면 결과적으로 엄마는 아이의 도움을 받게 되는 것이다. 그래서 엄마 자신을 개방하는 '나-전달법'은 아이에게 도움을 요청하는 의사소통의 기술이다. '나-전달법'으로 말하는 것은 아이의 잘못을 직접 꾸중하는 대신 아이를 존중하면서 아이 스스로 행동을 바꾸고 싶도록 기회를 주는 방법이다. 따라서 잘못을 지적하고 꾸중하는 방법보다 '나-전달법'으로 말하면 아이의 자존감을 손상시킬 염려가 적고 아이와 엄마의 관계를 해칠 염려도 적다.

그렇다고 아이의 모든 잘못에 대해 '나-전달법'으로 말해야 된다는 것은 아니다. 법, 질서를 깨뜨리는 행동이나 다른 사람에게 피해를 주는 행동에 대해서는 단호하게 잘못을 지적하고 꾸중할 필요가 있다.

'나-전달법'이 아이를 존중하면서 도움을 요청하는 방법이긴 하지만 엄마가 아이에게 도움을 주는 방법인 '경청하기'와 같을 수는 없다. 아이 입장에서는 엄마를 도와주는 방법보다 엄마에게 도움받는 방법을 더 좋아한다. 아이가 힘이 부족한 어린 시기나 사춘기 때뿐만 아니라 힘든 상황에 있을 때는 더욱 엄마의 도움이 필요하고 도움받기를 원한다. 엄마가 건강하고 심리적으로 힘이 있으면 아이에게 도움을 주는 경청하기를 많이 하는 것이 바람직하다.

민지 엄마는 다행히 아이의 짜증을 수용할 수 있는 힘이 있었다. 그

래서 아이 마음을 읽어주는 경청하기를 잘했고 문제해결을 쉽게 할
수 있었다.

56 아이들 싸움을 두고보지 못하는 아빠

남편은 아이들이 싸우는 것을 몹시 싫어한다. 초등학교 3학년, 1학년생인 은하, 은주 자매는 티격태격 싸우는 일이 종종 있다. 그럴 때면 남편은 아이들 싸움을 빨리 끝내게 하고 싶어서 관여하고 자신이 정한 해결책을 따르도록 아이들에게 강요한다.

하루는 사소한 시비 끝에 큰아이가 페트병을 들고 있는 작은아이의 손을 때렸는데 들고 있던 병을 발가락에 떨어뜨렸다. 작은아이는 아픔을 참지 못하고 울면서 병을 집어던졌다. TV를 보고 있던 남편은 큰아이한테 잘못했으니까 동생에게 사과하라고 강요했고 큰아이는 사과를 하지 않고 버티고 있었다. 부엌에서 일을 하던 엄마는 큰아이 옆으로 가서 말했다.

"은하야, 사과하기 싫어?"

그러자 아이는 참고 있던 울음을 터뜨리며 말했다.

"응."

"은하가 사과하기 싫은 이유가 궁금해. 엄마에게 말해줄 수 있을까?"

"엄마, 내 마음속에 악마가 있는 것 같아."

"왜 그렇게 생각했을까?"

"내가 잘못했는데 사과는 못 하겠어."

"그래! 은하야. 네 마음을 어쩌지 못해 많이 속상하구나."

아이는 고개를 끄덕였다. 엄마는 아이를 안아주면서 말했다.

"얼굴이 얼룩투성이네. 세수부터 할까?"

엄마 말이 떨어지자마자 아이는 화장실로 들어갔다. 엄마는 울음을 멈추지 않은 채 지켜보고 있는 작은아이에게 다가가서 말했다.

"은주야, 많이 아팠지?"

"응."

"그리고 속상했지?"

작은아이는 울음을 멈추고 말했다.

"이제 괜찮아 엄마."

그 사이 큰아이는 세수를 하고 나오더니 동생을 안아주면서 "언니가 미안해" 하고 사과를 했다.

그리고 그날 저녁, 자매는 언제 싸웠냐는 듯 깔깔대며 신나게 놀다 잠이 들었다.

●남편을 편드는 것도 아이를 편드는 것도 바람직하지 않다

 아이가 잘못했을 때 엄마와 아빠가 함께 꾸중하는 것은 좋지 않다. 그렇게 하면 아이는 외톨이라는 느낌이 들고 엄마, 아빠 모두를 원망하고 미워하게 된다. 그렇다고 아이 편을 들어 배우자를 공격하는 것도 좋은 방법이 아니다. 아이 앞에서 배우자를 공격하게 되면 공격받은 사람의 권위가 떨어지기 때문에 아이도 무시할 우려가 있다. 한 사람이 꾸중을 하면 다른 사람은 지켜보고 기다리거나 어느 쪽 편도 들지 않으면서 도와주는 것이 좋다.

도와주는 방법은 다음과 같다.

첫째 두 사람을 동시에 도와줄 수 있고, 둘째 배우자를 먼저 돕고 아이를 나중에 도울 수 있고, 셋째 아이를 먼저 돕고 배우자를 나중에 도울 수 있다.

첫째 방법은, 예를 들면 아빠와 아이 두 사람 다 화가 나 있을 때 두 사람의 마음을 동시에 읽어주는 것이다.

"두 사람이 다 기분이 안 좋구나."

"두 사람 모두 속상하구나."

"아빠도 딸도 많이 언짢구나."

이런 식으로 말할 수 있다. 그래서 두 사람이 동시에 이해받는 느낌이 들도록 한다.

둘째 방법은, 먼저 배우자의 마음을 읽어주는 것이다.

"당신 은하 때문에 속상하군요."

"은하가 사과하지 않아서 못마땅하죠?"

"당신은 은하가 잘못했다고 생각하는군요."

그 다음 아이에게 말하는 것이다.

"은하야, 사과하기 싫구나?"

"은하야, 사과하기가 어렵지?"

"아빠가 사과하라고 하시니까 속상하지?"

이런 식으로 말해서 마음을 읽어줄 수 있다.

셋째 방법은, 둘째 방법에서 순서를 바꿔 아이에게 먼저 말하고 배우자에게 나중에 말하면 된다.

셋 중 어느 방법이 가장 좋다고 단정하기는 어렵다. 두 사람 마음을 동시에 읽어주기 어려운 상황이라면 어느 쪽이든 더 많이 불편한 사람의 마음을 먼저 읽어주는 것이다. 아빠가 화가 많이 나 있는데 아이 마음을 먼저 읽어주는 것은 문제가 될 수 있다. 자칫하면 엄마가 아이 편을 드는 것으로 오해해서 아빠 마음을 더 상하게 할 수 있기 때문이다. 그래서 아빠는 아이를 또 야단치게 되어 엄마의 도움이 오히려 아이를 힘들게 할 수 있다.

다시 말하면, 엄마 입장에서 힘이 없는 아이를 먼저 돕고 싶더라도 힘이 있는 아빠를 먼저 도와 아빠 마음을 편하게 하는 것이 실제적으로 아이를 위하는 방법이 된다.

57 사소한 일에도 자주 싸우는 형제

초등학교 5학년, 2학년생인 준혁, 준성 형제는 자주 다툰다. 모범적이고 얌전한 편인 큰아이와 자기주장이 강한 작은아이는 사소한 일에도 의견충돌이 많다.

어느 날 저녁, 작은아이가 큰아이를 놀려서 싸움이 시작되었다. 엄마는 예전 같으면 "제발 조용히 해"라고 소리쳤겠지만 그날은 참견하고 싶은 마음을 누르고 싸우는 것을 지켜보았다. 그랬더니 잠시 후 큰아이가 인상을 쓰며 엄마에게 말했다.

"준성이가 자꾸만 아기라고 놀려요."

"준성이가 자꾸만 아기라고 놀렸어? 속상하구나. 그치?"

"네."

대답하는 아이의 얼굴이 밝아졌다. 계속해서 큰아이가 말했다.

"하지 말라고 매일 부탁해도 자꾸만 해요."

"그래서 힘들구나?"

"네."

아이 얼굴이 금세 환해졌다. 이번엔 심통 난 얼굴을 하고 있던 작은
아이가 말했다.

"형아가 자꾸 소리 지르잖아요."

"형아가 자꾸 소리 질러서 싫구나."

마찬가지로 작은아이의 마음을 읽어주었다. 그랬더니 작은아이는
깜짝 놀란 얼굴로 엄마를 쳐다보면서 대답했다.

"네."

두 아이는 언제 그랬느냐는 듯 아주 순한 얼굴을 하고 있었다.

평소에는 누가 잘못했는지 따져서 사과하게 하고 포옹까지 억지로
시켰다. 그러면 할 수 없이 포옹은 해도 아이들의 표정은 여전히 굳은
채였다.

엄마는 하고 싶은 말을 아이들에게 했다.

"너희가 큰 소리로 싸우면 엄마는 마음이 아프고 속상해."

이 말을 마친 후 엄마는 남아 있는 일을 했고, 그날 저녁 두 형제는
유난히 사이좋게 깔깔거리며 잘 놀았다.

● 부모가 아이들 싸움에 관여할수록 아이들은 더 경쟁적이 된다

형제자매가 서로 심하게 경쟁적이고 자주 다투는 경우를
보면 대체로 부모에게 원인이 있다. 아이들 문제에 부모
가 지나치게 관여해서 잘잘못을 가리거나 어느 한쪽 편을

들기도 하고, 아니면 함께 벌을 세우거나 억지 화해를 시키기도 한다. 어떤 방법을 사용하더라도 모두 부모의 의지대로 하기 때문에 아이들이 친밀하고 좋은 관계를 유지하는 데 도움되지 않는다.

부모의 판단에서 자신이 불리해질 것을 염려한 아이는 상대방의 잘못을 부풀려 말하고 더욱 비난하게 된다. 함께 벌을 세우거나 억지 화해를 시키는 과정에서도 아이들의 억울하고 화나는 감정이 해소될 수 없다. 따라서 상대방에 대한 미움이나 원망이 남기 때문에 서로에 대해 불만이 쌓이고 사소한 일에도 다툼이 생긴다.

형제자매가 우애 있고 사이좋게 지내는 관계를 원한다면 아이들 문제에 부모가 덜 관여하는 것이 바람직하다. 아이들끼리 스스로 해결하는 과정을 통해 상호이해도 되고 인간관계 능력도 키우게 된다. 위험한 상황 등 특수한 경우를 제외하면 부모가 먼저 끼어들지 않는 것이 좋다. 그렇지만 아이가 도움을 요청할 때는 관심을 보여야 한다.

"준성이가 자꾸만 아기라고 놀려요."

큰아이가 엄마에게 도움을 요청하는데도 무시하거나 "엄마한테 말하지 말고 네가 해결해" 또는 "엄마는 너희들 싸움에 끼어들지 않을 거야" 하고 거부하는 것은 좋지 않다. 아이에게 사랑이 부족한 엄마로 인식될 수 있다. 판단이나 평가는 하지 않고 도움을 요청하는 아이의 마음을 읽어주는 것으로 아이를 도와주면 된다.

준혁이 엄마처럼 도움을 요청하는 아이를 차례로 도와준 결과 두 아이는 사이좋게 놀게 되었다.

하루종일
징징거리며 보채는 아이

초등학교 2학년생과 다섯 살이 된 두 딸을 두고 있는 엄마의 얘기
다. 작은아이는 큰아이에 비해 엄마를 더 힘들게 한다. 매일 아침 눈을
뜨면서부터 울기 시작해 저녁에 잠들 때 재워달라며 징징거리기까지
하루 종일 울면서 보내는 아이였다. 엄마는 아이의 나쁜 버릇을 고쳐
야 한다는 마음으로 아이의 요구를 묵살해왔다. 주위에서도 아이 말
을 다 들어주면 버릇이 나빠져서 안 된다고들 충고해주었고, 엄마는
그러한 충고를 따라왔다. 때로는 스스로 유치하다 느낄 정도로 아이
와 경쟁하기도 했다.

그러던 어느 날, 엄마는 태도를 바꾸었다. 아이 입장에서 생각하려
고 마음먹고, 지금껏 해오던 묵살 대신 관심을 보여주고 아이의 마음
을 받아들였다. 아침에 일어나자마자 아이가 침대에서 울면서 엄마를
부르고 주스를 달라고 하면 "지은이가 주스 먹고 싶구나" 했다.

그러면 아이는 "엄마, 목말라" 했다.

"그랬구나. 주스 갖다줄게" 그러면 아이는 "응" 하면서 쉽게 울음을 그쳤다.

어느 날은 "지은이가 목이 말랐구나. 그럼 물을 마시면 어떨까" 그랬는데도 "응"이라고 해서 주스 대신 물을 주기도 했다. 그리고 아이의 울음이 빨리 그쳤을 때 엄마는 잊지 않고 칭찬했다.

"지은이가 기분이 좋아졌구나. 지은이가 웃으면서 얘기하면 엄마는 기뻐"라고.

낮에 "엄마" 하고 징징거려도 엄마가 부드럽게 "응, 왜 그러니?"라고 했더니 아이의 목소리가 금세 바뀌면서 "주스 주세요" 했다.

그리고 작은아이 기분이 좋을 때 가끔 아이와 마주 앉아서 자신의 마음을 전하기도 했다.

"지은이가 울면 엄마의 기분도 안 좋아."

"지은이가 계속 울 때는 엄마도 짜증나고 화가 나는 걸 참을 수 없어."

"지은이가 울 때는 엄마도 속상해서 다른 일을 할 수가 없어."

그렇게 하루하루를 보내는 사이 차츰 아이가 주스를 찾는 횟수도 줄었고, 우는 일도 줄었다.

아이의 변화가 엄마에게는 기적 같았다. 매일 열두 시간 이상 3년 정도를 징징거리던 아이였으니까. 이번 경험을 계기로 아이를 정말 사랑하는 방법은 아이 말에 귀기울여 들어주는 것이라고 엄마는 자신 있게 말할 수 있다고 했다.

●아이가 자신의 욕구를 채우려고 하는 노력에 귀 기울이자

 '세 살 버릇 여든 간다'를 입버릇처럼 말하는 한 엄마는 아이에게 지나치게 엄격하고 때로는 혹독했다. 아이가 작은 실수나 잘못을 하면 어디서건 무섭게 혼냈다. 다른 사람 앞에서 혼나는 아이가 안돼 보여서 그만 용서해주라고 말하면 그 엄마가 하는 말은 "'세 살 버릇 여든 간다'고 하잖아요. 아예 잘못은 싹을 잘라야 돼요"였다.

어릴 때 버릇을 잘 들이는 것은 분명 중요하다. 그런데 좋은 버릇을 들이기 위해 엄마가 어떻게 해야 하는가를 아는 것이 더 중요하다. 엄마 입장에서 볼 때 좋은 버릇이라고 실천을 강요하는 것은 바람직하지 않다. 아이가 스스로 원해서 행동한 것이 반복되면서 자연스럽게 좋은 버릇이 들어야 바람직하다.

아이가 징징거리고 우는 것은 엄마에게 도움을 요청하는 일종의 신호다. 엄마의 사랑을 믿고 있기 때문에 아이는 도움을 요청하는 것이다. 엄마에게서 도움을 받을 수 있다는 믿음이 전혀 없으면 아이는 징징거리거나 우는 것조차 포기하고 만다. 엄마가 너무 무서워도 아예 포기할 것이고 나름대로 요청을 해도 계속 엄마의 도움을 받지 못하면 언젠가 지쳐서 포기할 것이다. 그런데 끊임없이 징징거리고 우는 아이는 아직 희망을 잃지 않은 아이다. 나약한 아이가 아니고 힘이 있는 아이다.

자신의 욕구를 채우기 위해서 포기하지 않고 노력한다는 것은 좋은 일이다. 그렇지만 아이가 욕구를 채우기 위해 적절한 방법을 찾지 못하는 것이 문제다. 지은이 엄마는 아이가 방법을 찾을 수 있도록 잘 도

222

와주었다. 그랬더니 엄마의 도움을 받은 아이는 징징거리기 대신 예쁜 목소리로 원하는 것을 말했다. 앞으로 지은이는 자기표현을 잘하는 훌륭한 버릇을 키워갈 것이다.

아이가 하자는 대로 다 들어주어 버릇이 나빠질 수도 있지만 반대로 아이의 요청을 모두 묵살해서 아이의 인성을 망가뜨릴 수도 있다.

칭찬과 꾸중

아이는 엄마의
노력으로 완성된다

제 5 장

칭찬 · 꾸중 · 격려
삼박자의 힘

이 장에 소개되는 네 편의 사례는 P.E.T.Parent Effectiveness Training, 효과적인 부모역할 훈련 프로그램에 참여하고 성공적인 효과를 거둔 엄마들의 이야기다. P.E.T.는 미국의 심리학자 토머스 고든 박사에 의해 창안된 프로그램으로, 우리나라에는 1989년 한국 심리상담연구소(소장 김인자)에 의해 도입되었으며 세계 42개국에서 활발히 보급되고 있다. 전문상담가들이 내담자를 치료할 때 쓰던 상담기술을 자녀와의 의사소통과 문제해결 장면에서 갈등을 겪고 있는 부모들에게 제공하여 부모와 자녀 간의 인간관계를 개선하고 갈등을 풀 수 있도록 교육하는 프로그램이다.

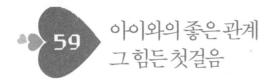

59 아이와의 좋은 관계
그 힘든 첫걸음

● 의식적인 노력과 끊임없는 시도가 있어야 아이와 좋은 관계를 만든다

"P.E.T. 하면 뭐가 좋아요?"

"음……. 애들이 행복해해요. 나도 마음이 많이 편해졌구요."

큰아이와의 갈등으로 많이 힘들었을 즈음 P.E.T.를 먼저 한 우리 아이의 친구 엄마와 나눈 이 대화는 나를 P.E.T. 수업에 기꺼이 동참하게 만들었다. 다소 모호하게 들렸지만 아이들이 행복해한다니 이처럼 가치 있는 공부가 또 있을까?

아이들을 행복하게 해주는 것이야말로 세상 모든 엄마들의 바람일 것이다. P.E.T.를 들으며 깨달은 점이 있다면 행복은 엄마가 아이들에게 만들어주는 것이 아니라 아이들 스스로가 느낀다는 점이다.

일곱 살인 큰아이와의 갈등이 시작된 것은 여섯 살 반 무렵부터다.

말도 잘 안 듣고 자신이 원하는 것만 하려는 아이는 늘 나에게 꾸지람을 들었다.

"너 왜 유치원 숙제 빨리 안 하니? 혼나려고 그래?"

"빨리빨리 장난감 치워라. 안 그러면 쓰레기통에 버릴 거야."

"제발 얌전하게 있어. 정신없어 죽겠다."

"너 하루 종일 텔레비전만 볼 거니? 커서 뭐가 되려고 그래?"

큰아이가 하루 종일 나에게 들었던 말은 지시 · 협박 · 비난 이렇게 부정적인 말들뿐이었다. 그래서 그런지 아이는 내 요구와 바람대로 따르지 않았고, 잘 울고 소심해졌다.

지금 생각해보면 많이 후회스럽다. 자아와 독립심이 강해지고 그것을 발현하는 과정에서 생겨나는 일들을 너그럽게 받아주었다면 좋았을 텐데.

사실 더 근본적인 문제는 엄마인 내게 있었다. 그동안 아이를 힘으로 다뤄왔고, 내 마음대로 조종하려고 했던 것이다.

여섯 살까지는 아직 어리고 엄마의 도움이 많이 필요했기 때문에 반발하지 않았던 아이가 일곱 살 무렵부터는 자신의 의지와 욕구대로 행동하고 싶어했다. 아이는 그냥 자신이 하고 싶은 일을 하려했을 뿐이고 나는 내 기분이나 편의에 따라 수시로 통제하려고 했기 때문에 문제가 계속 생기는 것이었다. 아이의 욕구를 인정하고 크게 잘못하는 일이 아니라면 뭐든 해보게 내버려두었다면 아이와 잘 지낼 수 있었을 것이다.

사실 아이와의 문제의 원인은 내 쪽에 훨씬 더 많았다. 수용하고 배려하는 마음보다 자기중심적이고 충동적인 면이 많아서 효과적인 부모 역할이 힘들었다. 게다가 권위적이고 통제적 자아의식까지 강했으니 내 아이들에게 결코 좋은 엄마 역할을 못했던 것이다. 그동안 나는 육아에 늘 신경질적이었고 기분이나 상황에 따라 통제하거나 내 멋대로 했던 일면이 많았다.

이러한 자기이해는 P.E.T.수업을 하며 반영적 경청의 실패나 인내심의 한계를 이해하는 데 크게 도움이 되었다.

지난 봄, 일주일에 두세 번 정도 친정엄마에게 아이들을 맡기고 일을 할 때였다. 늦은 밤 귀가를 했더니 큰아이가 새로 산 책을 보고 있었다. 자지 않고 엄마를 기다렸나 하는 반갑고 기특한 마음에 나는 아이에게 말을 건넸다.

"아유, 우리 현석이 엄마 기다리느라고 여태 안 잤네!"

그랬더니 큰아이는 책에서 눈도 떼지 않고 대답했다.

"아니! 엄마 기다린 게 아니야. 책이 재미있어서. 근데 엄마, 나 잘 때 오지 왜 벌써 왔어요?"

서운한 마음이 들었다.

"왜? 엄마 일찍 오면 안 좋니?"

"엄마가 늦게 오면 내 마음대로 할 수 있어서 좋아요. 외할머니랑 노는 것도 재미있고. 외할머니는 이거 해라, 저거 해라 그러지 않거든요."

순간, 마음에 스쳐 지나가는 서늘한 바람! 맞다! 내가 어린 시절 엄마에게 가졌던 그 감정이었다. 어릴 적 엄마는 직장생활을 하느라 늘 바쁘셨고 엄격하셨다. 엄마의 선택이나 판단이 내려지면 그걸로 끝이었다. 내가 원하는 것을 갖기 위해 엄마를 졸랐던 기억도 별로 없고 나

228

는 엄마의 눈치를 항상 살폈었다.

늦은밤 집에 오신 엄마는 숙제검사를 하셨고 과제물이 남아 있으면 꼭 깨워서 다하도록 채근했다. 하품을 하며 숙제를 하는 동안 어린 마음에 들었던 생각이 있었다.

'엄마가 더 늦게 왔으면 좋을 텐데. 할머니하고만 살면 얼마나 좋을까?'

놀라웠다. 어린 시절 아프게 남아 있던 엄마의 모습은 분명 내가 싫어했는데도 내가 그대로 엄마 모습이 되어 있었던 것이다. 좀처럼 자녀의 감정에 귀를 기울이지 못하고, 통제하고 간섭했던 엄마의 자식 사랑 방법은 이미 대를 잇고 있었다.

순종하던 내가 엄마에게 반항하기 시작한 것은 대학교 입학 때부터였고 결혼할 때까지도 갈등이 많았다. 물론 지금은 여자로서 엄마를 이해하고 스스럼없는 대화도 많이 나눈다.

"엄마! 나 어릴 때 엄마는 왜 그렇게 엄했어? 엄마 마음대로만 하고 순전히 독불장군이었다니까!"

"그랬니? 난 잘 모르겠다. 그저 먹고 살기 바빴고 또 여자가 직장생활을 하니 애들이 저 모양이지 하는 소리 들을까 봐 반듯하게 키운다고 애쓴 거였는데."

그랬다. 엄마는 나를 사랑하지 않으신 게 아니라 단지 그 사랑을 전할 방법을 모르신 거다. 물론 상대방을 잘 이해하고 배려하는 살뜰한 성격은 아니었어도 당신 나름대로 최선을 다하신 거였다.

하지만 엄마의 자식인 내가 그것을 이해하기까지는 36년이라는 세월이 필요했다. 어릴 적 상처로 인한 오해와 갈등도 길었다. 그러니 얼마나 다행인가? 지금 내 아이들은 큰아이 일곱 살, 작은아이 네 살. 아직 어리고 사고나 감정도 유연하니. 내가 엄마로서의 역할을 슬기롭게 하는 것으로 아이들과 좋은 관계를 유지하고 행복한 가정을 꾸려 갈 수 있을 테니 말이다. 아이들도 건강하고 민주적으로 자랄 것이고, 성인이 되면 자신의 자녀들에게 보고 배운 대로 훌륭한 부모 역할을 할 수 있을 것이다.

P.E.T.수업을 지속하면서 엄마로서의 나의 역할이 상당 부분 잘못되어 있다는 것과 내게 가족들을 힘들게 하는 일면이 있다는 점도 알게 되었다.

그동안 힘을 통한 권위주의적인 방법으로 아이와의 문제를 풀어왔기 때문에 당연히 큰아이는 자신의 문제와 어려움을 솔직하게 이야기하지 않았다. 유치원에서 속상한 일이 있어도 풀이 죽은 채로 있었고 등에 발자국이 날 정도로 심하게 다쳐 울며 들어와도 누가 왜 그랬는지 말해주지 않았다.

반영적 경청은 아이의 감정을 읽어주는 것만으로도 충분히 효과가 있었다. 문제상황이건 아니건 일단 아이의 말에 귀를 기울였더니 아이는 점차 자신의 이야기나 감정을 말하기 시작했다.

아이와의 관계가 많이 좋아졌고 반영적 경청에 대한 믿음도 상당히 생겼다.

그렇다고 어려움이 없었던 것은 아니다. 내가 화가 많이 나서 반영적 경청을 할 수 없었음에도 불구하고 거짓으로 반영적 경청을 하는 척하면서 속을 끓인 적도 많았고, 내 의도대로 아이를 따라오게 하려고 목적을 가지고 '나—전달법'을 사용한 경우도 있었다. 또 아이는 아이대로 자신이 이해받고 있다고 생각하고 마음대로 하려고 했다.

예를 들면 이런 일들이 자주 일어났다.

저녁식사 준비를 하느라고 바쁜데 큰아이는 놀이방, 거실 할 것 없이 장난감이며 레고블록 조각들을 잔뜩 늘어놓은 채 놀고 있는 상황이다.

"조금 있으면 아빠 오실 텐데 엄마는 깨끗한 거실에서 저녁식사를 했으면 좋겠다."**(빨리 치우라는 의도로)**

"잠깐만요. 더 놀아야 돼요."

"아! 너 지금 한창 재미있는 모양이구나."**(속이 끓는다)**

"엄마, 그러니까 나 더 놀게. 장난감도 안 치워도 되지?"**(당연하게)**

대체로 이런 상황에서의 결말은 내가 힘을 쓰는 것으로 끝났다.

"엄마가 예쁜 말로 할 때 치워라."**(협박)**

"치. 내가 그럴 줄 알았어."

유치원 2학기 9월 중순경 큰아이가 울면서 집에 왔다. 속상해진 나는 일단 반영적 경청부터 시작해보기로 했다. 봄부터 시작한 P.E.T. 덕분에 아이는 조금씩 마음의 문을 열었고 한 달 내내 아팠던 아이를 충분히 수용해왔기 때문에 아이와의 관계도 많이 좋아진 무렵이었다.

"현석이가 속상한 일이 있었나보구나. 이렇게 우는 걸 보니."

왜 그러냐고 누가 그랬냐고 캐묻고 싶었지만 참았다.

아이는 큰 소리로 더 울다가 갑자기 내뱉듯 말했다.

"엄마, 나 유치원 그만 다닐래!"

"유치원 가고 싶지 않을 만큼 속상한 일이 있었구나. 네가 우는 걸 보니 엄마도 슬픈걸."

"아무도 나랑 안 놀아줘. 엉엉."

종종 이런 일이 있었지만 그때마다 나는 이렇게 말해왔다.

"친구들끼리 서로 하고 싶은 놀이가 다를 수도 있지. 그럼 너는 책을 보든지 바깥놀이를 하면 되잖아."

아이의 마음을 살펴주지 않고 일방적으로 해결방법을 제시했던 것이다. 그런데 이번에는 혹시 아이가 따돌림을 당하고 있는 것은 아닌지 덜컥 겁이 났다.

"왜 친구들이 안 놀아준다고 생각하니?"

"안 놀아준다고 생각하는 게 아니고 진짜 안 놀아준단 말이야."

아이는 화를 내며 말했다.

"엄마가 그걸 몰랐구나. 유치원에서 무슨 일이 있었는지 엄마는 알고 싶은데."

"……."

그동안 큰아이는 유치원에서 일어난 이야기를 거의 하지 않았고 속상한 일이 있어도 괜찮다고만 했었다.

"현석이가 유치원에 가고 싶지 않을 만큼 속상한 일이 있는데 엄마가 왜 그런지 모르니까 널 도울 수가 없잖아. 그래서 엄마도 속상해."

아이는 그동안 힘들었던 유치원 생활에 대해 털어놓았다. 친구들을 잘 때리고 욕도 잘하는 같은 반 아이가 자기랑 노는 애들을 때렸다고 했다.

여기서 나는 아이와 함께 민주적인 방법으로 문제를 해결했어야 했다. 엄마가 도와주어야 하는 일인지 어떻게 하면 좋은지 충분히 의논하고, 우선은 충분한 반영적 경청을 통해 아이의 마음부터 풀어야 했는데 순간 나는 해결사로 돌변했다.

아이문제를 엄마문제로 인식하고 개입해서 엄마가 주도적으로 해결해야 한다는 생각은 옳지 않았다. 이 문제로 우리 아이는 한동안 힘들어했다.

"엄마 때문에 나는 더 속상해."

"엄마가 유치원 선생님께 전화하고 그애 엄마하고도 통화하는 바람에 일이 더 복잡해졌구나. 엄마는 널 돕고 싶었어. 친구 때문에 네가 힘들어하니까 엄마 마음이 너무 아팠어. 현석아! 네가 즐거워야지 엄마도 행복하지."

"……."

"다음엔 어려운 일이 생기면 그때는 꼭 함께 의논해서 해결해보자."

사실 P.E.T. 수업을 하면서 배웠던 반영적 경청, 제대로 된 '나-전달', 걸림돌 없이 대화하고 문제를 해결하는 방법을 그때그때 충실하게 실행하지 못했을 뿐 아니라 지금도 서투르고 어렵게 느껴진다. 다만 고무적인 사실은 그동안 아이에게 잘못했던 부분을 확실히 알고 스스로 개선하려고 노력한다는 점이다.

지금은 예전처럼 아이를 대하지 않는다.

"너 빨리 장난감 안 치우면 확 내다버린다."

"너 왜 시키는 대로 안 해?"

"너는 꼭 내가 화를 내야 말을 듣는구나."

이렇게 윽박지르거나 일방적으로 지시하는 일은 많이 없어졌다. 속이 끓어도 반영적 경청을 애써 하다보면 아이의 감정에 조금씩 동화되어 아이를 이해하게 되었고 아이도 가끔은 내가 원하는 대로 기꺼이 움직여준다.

'형식이 내용을 바꾼다'고 하지 않는가? 의식적인 노력과 끊임없는 P.E.T. 공부가 나를 변화시키고 아이와의 좋은 관계를 만들어줄 것이다. 지금의 어려움은 예전의 나의 모습과 고집을 버려야만 하는 힘든 시기라는 점인데, 모든 일이 그렇듯 과정을 통해 결과가 만들어질 것이다.

마지막으로 그동안 힘들었을 우리 아들 현석이에게 미안한 마음을 전하고 싶다.

"현석아! 그동안 훌륭한 마음 밭에서 널 키워주지 못해서 너무 미안해. 하지만 널 너무 사랑한단다. 그리고 엄마는 항상 좋은 엄마가 되려고 노력하고 있단다. 지켜봐줘."

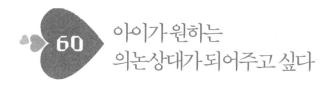

60 아이가 원하는
의논상대가 되어주고 싶다

● 아이의 있는 그대로를 인정해주는 것이 엄마의 목표

나는 올해 35세인 전업주부로 초등학교 1학년생인 아들과 다섯 살 딸아이가 있다.

한번은 우리 식구 모두 남편 친구 결혼식에 가야 했다. 그때 큰아이는 자신이 좋아하는 만화 프로그램을 보고 있었다. 난 아이에게 아빠가 오시면 결혼식에 가야 하니까 그때까지만 만화를 볼 수 있다고 말해두었다. 남편이 퇴근하자 난 아들에게 나가자고 했다.

"텔레비전 끄고 신발 신자. 시간이 빠듯하니까 빨리 준비해야 해."

그런데 아이는 아이는 얼굴을 찡그리며 말했다.

"난 안 갈래. 그냥 집에 있을 거야."

화가 난 남편은 "야! 넌 엄마 아빠가 나가자면 나가야지 혼자 집에 있겠다는 게 말이 돼" 하며 야단을 쳤다. 할 수 없이 신발을 신고 나온 아이는 엘리베이터를 타고 아파트 1층까지 내려가는 동안 내내 서럽게 울었다. 더 화가 난 남편은 "그만 그치지 못해? 뭐가 맘에 안 드는 거야? 그만 울어라"고 했으나 아이는 눈물을 멈추지 못했다. 참다 못한 나는 "됐어. 너 때문에 우리 식구 모두 기쁜 마음으로 결혼식에 가긴 틀렸다. 그만 집으로 가" 하며 화를 내고 집으로 돌아와버렸다.

아이는 계속해서 말 한 마디 없이 울기만 했고 난 차라리 떼를 쓰거나 화를 내더라도 아이가 말로써 불만을 얘기했으면 좋겠다는 생각뿐이었다. 집에 돌아온 아이는 많이 혼이 났고 나도 더이상 아이의 이러한 면을 성격 탓이라고 방치할 수만은 없을 것 같았다. 친구에게 이러한 고민을 털어놓았고 친구는 나에게 P.E.T.를 소개시켜주었다.

P.E.T.를 시작한 지는 1년이 되었고 지금까지 P.E.T.를 꾸준히 공부하고 있다. 아들 승환이는 또래보다 집중력이 약하고 산만했으며 자기표현을 잘 하지 않아 항상 마음에 들지 않는 일이 발생하면 집에 와서 보채고 울곤 하였다. 차라리 떼를 쓰고 거친 말을 하더라도 자기감정에 대해 구체적으로 표현하기를 바랐지만 아이는 늘 울거나 기가 죽은 모습으로 앉아 있곤 했다. 특히 친구가 때렸는데도 하지 말라고 말하면 그 친구가 자기를 싫어할까 봐 아파도 참아야 한다는 말을 했을 땐 가슴이 무너질 정도였다. 유치원에서 무슨 일이 있었는지 물어도 제대로 대답하지 않았다.

나는 교육을 받으면서 아이의 그러한 태도가 어디에서 기인된 것인지를 알게 되었고 변화가 필요한 건 바로 나 자신이란 것을 깨달았다.

아이는 돌이 될 무렵부터 저지레가 다른 아이들에 비해 심한 편이었다. 그래서 아이 양육에 점점 어려움을 겪었고 스트레스가 점점 커졌다. 교육학을 전공했음에도 불구하고 아이에 대해 무지했다. 아이가 잘못을 하면 감정적으로 소리 지르면서 비난했고 가끔 체벌도 했다. 또 아이에게 "너 때문에 힘들다"는 넋두리도 자주 했다.

특히 둘째를 낳고나서 육아와 가사에 대한 부담이 가중되자 아이를 혼내는 횟수가 잦아졌다. 유치원 선생님이나 학원 선생님은 아이가 가끔 수업에 방해가 되기도 하며 깊이 생각하는 사고력 문제는 아예 풀려고 하지 않는다는 말을 전했다. 또 세 살부터 다섯 살 때까지 미국에 있었던 터라 한국식 조기교육을 받지 못해 학습부분에서는 또래 아이들보다 뒤떨어져 있다고 생각했기에 나는 일곱 살이 된 아이를 학습지, 주산학원, 영어학원 등을 보내며 바쁜 시간을 보내게 했다. 그랬더니 아이는 더 산만해졌다. 또한 스트레스가 쌓이면 동생에게 마구 화풀이를 하기도 했다.

나는 P.E.T. 교육을 받기 시작하면서 아이에게 설득이나 훈계보다 먼저 아이의 뜻을 많이 받아주기로 했고, 화를 낼 때도 되도록이면 '나- 전달법'을 써서 아이의 행동이 엄마에게 어떤 문제가 되는지를 알게 했다. 어느 때는 고함을 치는 식의 질 낮은 '나-전달'을 하기도 했고 또 가끔은 나의 감정을 조절해가며 적절한 '나-전달'을 하기도 했다. 일단 아이가 자기표현을 못 하고 훌쩍거리며 울고 있을 때는 인내심을 가지고 반영적 경청을 시도하기도 했다. 물론 많은 경우 예전처럼 화를 내거나 감정폭발을 하기도 했지만 그래도 한 술 밥에 배부를 수가 없다는 생각으로 계속 나 자신을 변화시키기 위해 노력했다. 그래서인지 감정적 문제가 발생하면 억울해 훌쩍거리기만 하던 아이의 태도가 거의 없어졌고 자기감정이나 억울함을 말로써 표현하기 시작했다. 그리고 학습지나 학원 등의 바쁜 스케줄로 아이에게 가중되었던 학습부담도 덜어주자 예전에 비해 집중력도 나아졌고 산만함도 줄어들었다는 주위의 평을 듣게 되었다.

P.E.T.를 통해 알게 된 가장 큰 나의 문제점은 한 번도 아이에게 제대로 된 반영적 경청을 한 적이 없었다는 것이다. 울면 울지 말라고 훈계하거나 명령하기 일쑤였지, 왜 우는지에 대한 이유를 아이에게 제대로 물어본 적이 없었다. 아이가 우는 이유는 이미 알고 있다고 생각한 자만 때문이었을 것이다.

교육을 받기 시작하고 나서 난 아이의 입장에서 생각해보려고 많이 노력했다. 실패로 끝난 경우도 많았지만 나 스스로 나를 바꾼다는 것이 어렵다는 것을 인정했기 때문에 실패에 연연하지 않기로 했다.

교육을 시작하고 몇 달이 지난 후 지난번 결혼식 때와 비슷한 상황이 생겼다. 아이 아빠와 나는 토요일 저녁에 외식을 하기로 했다. 나는 아이에게 미리 "엄마가 오늘은 정말 밥하기가 싫어. 저녁은 나가 먹었으면 좋겠다. 아빠랑 우리 가족 모두 저녁 때 외식하러 가자"라고 미리 얘기해두었다. 드디어 나갈 시간이 되었고 아이는 또 좋아하는 만화 프로그램을 볼 수 없게 되었다. 아이의 입이 점점 앞으로 나왔고 옷 입고 나가자는 아빠의 말에 아이는 "싫어. 그냥 집에서 먹으면 안 돼? 왜 귀찮게 나가 먹어야 해?"라며 불만을 토해냈다. 그 말이 오히려 난 고마웠다. 교육을 받으며 아이에게 의견을 말할 기회를 주게 된 결과라고 생각했다. 나는 아이에게 반영적 경청을 시도해볼 좋은 기회라고 생각했다.

"엄마 아빠가 너한테 외식하고 싶냐고 물어보지도 않고 결정해버려

속상했니?"

"응, 엄마 아빠 나한테 물어보지도 않고 만날 마음대로 하잖아. 난 안 먹어도 돼. 그러니까 나 빼고 다녀와."

"그랬구나. 승환이도 우리 가족의 구성원인데 엄마가 의견도 물어 보지 않고 결정해서 속상했구나. 미안하다 정말."

"미안하다면 다야? 그래도 속상해. 난 집에서 만화 더 보고 싶어."

"우리 승환이가 만화 더 보고 싶은데 나가자고 하는 게 싫구나?"

"그냥 집에 있을래."

"그럼 만화 영화 때문에 집에 있겠다는 거니?"

"아냐 아냐. 그냥 집에 있을래."

"혹, 엄마 아빠가 너 만화 영화 더 보고 싶어서 안 가겠다고 하면 혼 낼까 봐 걱정돼서 그런 거니?"

"엄마가 화내면 무서워."

"엄마가 그동안 너한테 많이 무섭게 대했구나. 만화 영화 더 보고 싶단 말도 제대로 못 하게 말이야. 엄마가 많이 미안해."

"엄마, 만화 다 보고 나가면 안 돼?"

아이는 당당히 자기의견을 말했다.

"네가 그렇게 보고 싶어하는 거라 기다려주고 싶은데 그러면 점심 을 일찍 드신 아빠가 너무 배가 고프실 것 같거든. 아빠한테 미안해서 어떻게 하지?"

그쯤에서 아이의 눈치를 살피며 '나─전달'을 했다. 엄마가 어느 정 도 자기마음을 이해하고 알아준다는 생각 때문이었는지 아이의 나왔 던 입은 이미 들어가 있었다.

239

"엄마, 그럼 나중에 집에 와서 텔레비전을 삼십 분 더 보게 해줘. 그리고 나가서 내가 좋아하는 스테이크 먹자."

난 아이의 의견을 들어주겠다고 약속했다. 훌쩍거리며 서럽게 우는 아이의 모습을 보지 않은 것만으로도 가장 맛있는 식사를 한 것만큼 행복했기 때문이다.

그러나 아이는 감정조절 능력이 여전히 부족해서인지, 간혹 동생이나 내게 심하게 화를 내거나 짜증을 부리기도 한다. 나는 되도록이면 아이에게 심하게 화를 내지 않고 침착하고 이성적인 태도로 대하려고 노력하고 있다.

요즘은 아이가 학교에서 있었던 일이나 자신의 고민거리, 친구들과의 관계에서 자신의 입장을 어떻게 하는지에 대해 얘기해주곤 한다. 그럴 때 뿌듯해하기도 하지만 어떤 대답을 해주는 것이 최선일지 고민도 된다. 그리고 학습에 부진한 모습을 보이면 아이의 산만함 때문이라는 비난을 아직도 하는데, 아이의 있는 그대로를 인정해주는 것이 내가 고쳐야 할 급선무이자 교육을 받는 목표이기도 하다.

아이가 낮은 점수를 받은 시험지를 엄마에게 보여주지 않으려고 학교에 두고 온 사실을 알았을 때, 난 나의 그릇된 욕심과 태도가 얼마나 아이를 힘들게 하는지를 알고 과연 교육으로 인해 나 자신이 얼마나 변화될 수 있을까 하는 회의가 들기도 했지만, 그래도 포기하는 것보다는 완주하는 것이 더 의미가 있다는 생각에 계속해서 교육을 받으려고 한다.

아이가 낮은 점수를 받은 시험지를 보여주며 엄마가 의논상대자가 되어주기를 바랄 때까지 열심히 하고 싶다.

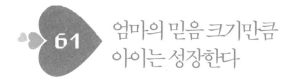

61 엄마의 믿음 크기만큼 아이는 성장한다

● 엄마 자신도 있는 그대로를 스스로 인정하고 소중히 여기자

나는 큰 아들 기주 때문에 P.E.T.를 하게 되었다.

아들 기주는 다소 통통한 편이고, 6학년생인 지금도 산타를 믿는 순수한 마음씨를 지니고 있다. 또한 우리 가족을 가장 사랑하고, 나이 어린 동생을 잘 데리고 놀아주며, 아침에는 깨우지 않아도 혼자 일어나서 학교 갈 준비를 한다. 그리고 식사 전후에는 꼭 인사를 하고 제 그릇을 치워주며, 책을 좋아하고, 게임을 좋아하고, 동물을 좋아하고, 부드러운 촉감의 이불을 좋아하고, 엄마와 함께 단둘이 떠나는 여행을 기대하고 있기도 하다.

지금, 기주를 사랑을 가득 담은 눈으로 바라보니 애다운 사랑스런 점들이 더 많이 보이는데, 전에는 그런 것들이 눈에 들어오지 않았다. 욕심과 기대에 못 미치는 불만스런 아이의 모습만 있을 뿐이었다.

나는 초등학교 교사 생활을 하면서, 아이를 친정에 맡겨 키웠다. 워낙 완벽주의자에다가 다소 예민한 성격이어서, 학교일과 집안일도 힘겨웠는데 아이를 낳았을 때는 기쁨보다 오히려 부담감이 더 컸었다. 지금도 아이를 낳고 키우던 그때의 1~2년을 돌이켜 생각해보면 너무도 힘들었던 기억밖에 없다. 학교에서 이미 지친 상태로 친정에 들러 아이를 데려오면, 다정한 대화는커녕 아이가 조금만 실수를 해도 혼을 내고 야단을 쳤다. 밤에는 아이를 껴안고 책을 읽어주고, 얼굴을 비비며 웃고, 장난도 치곤 했지만, 착하게 굴면 사랑하고, 맘에 안 들면 혼내고 하는 나 자신이 그저 제 새끼를 돌보는 본능을 지닌 다른 동물들과 별반 다를 바가 없었다. 이렇게 하면 안 된다는 걸 알고 있으면서도 그 상황이 닥치면 또다시 반복되곤 했다.

그러던 중 어느 학부모한테선가 언뜻 P.E.T.라는 연수를 받으면 아이들과의 대화가 잘 된다는 말을 들었다. 그런데 처음엔 그저 고상하게 대화하는 것인 줄로 잘못 알고 나에게 꼭 필요한 것인 줄은 몰랐다. 그저 수많은 육아서적과 자기계발 서적을 읽으면서 육아지식을 터득했는데, 물론 그 당시엔 마음이 움직였지만 행동으로 실행되지는 않았다.

그나마 다행인 건 외할머니 외할아버지가 기주를 무척 사랑해주셨고, 동생이 생긴 지금도 변함없이 사랑해주신다는 사실이다. 두 분은 기주를 무조건 사랑하시고, 아이를 있는 그대로 인정해주신다.

나는 둘째 아이가 태어나고 집에서 쉬기 전까지 매일 매일이 힘들었다. 아이에게 잔소리와 위협으로 엄마의 권위를 내세우거나 일관성 없는, 변덕스러운 애정표현으로 기주를 대해왔다.

242

4학년이 된 기주는 말이 없고, 친구도 별로 없고, 그저 책만 읽는, 새로운 일에는 도전도 안 하는 소극적인 아이가 되어 있었다. 유치원 다닐 때까지만 해도 무조건 나서서 손을 들고 하던 적극적인 아이였는데……. 기주는 학습능력이 많이 뒤처져 있었고, 도무지 공책정리라는 건 생각도 안 하고, 철자니 띄어쓰기도 엉망이고, 정말 기가 막혔다. '선생님 아들이 이 모양이라니. 다른 아이들을 가르친다고 하면서 정작 내 아인 방치했구나. 난 그동안 뭘 했나?' 하는 생각에 더욱 기주만 몰아세웠다.

처음 P.E.T.를 접했을 때만 해도 자신을 남에게 내보이고, 가족 이야기를 개방한다는 것이 쉽지 않았다. 내성적인 성격이라서 개방에 대한 거부감도 있었고 다른 사람에 대한 경계심도 있었다. 하지만 대부분의 참가자들은 솔직하게 자신들의 고민이나 문제들을 말했고, 선생님도 진지하게 들었다. 모두들 자신의 문제처럼 함께 대화하는 가운데 진한 유대감이 형성되어 갔다. 비슷한 문제들을 갖고 있었기 때문에 서로 이야기를 나누면서 눈시울을 적시고 공감한 적이 한두 번이 아니었다.

이전에는 아이들에게 화를 내고 아이와의 관계가 좋지 않아도 사랑하는 마음만 있으면 될 줄 알았다. 시간이 지나면 우리 애가 나를 이해해줄 것이라는 막연한 생각으로 나의 잘못을 합리화시켰다. 잘못된 일은 모두 답답한 아이의 성격 탓으로만 돌렸다.

그러나 지금 생각해보니 나는 모든 것을 내가 다 해결해야 한다는 강박관념에 사로잡혀 있었던 것 같다. 아이들의 말이나 행동을 내 마음대로 해석해서 잘못된 것만 지적했다. 물론 문제해결도 내 마음대로 결정해서 강요하곤 했다. 아이에게는 엄격한 학교 선생님이기만 했고 진정한 엄마의 모습은 아니었다.

선생님은 P.E.T.훈련을 통해서 배운 방법을 집에서 꼭 실천해보도록 했다. 처음엔 다소 부담스러웠지만, 작은 시도를 통해서 얻게 되는 큰 만족감에 우리들은 놀랐다. 아이에게도 반영적 경청을 시도해보았는데, 처음에는 어색하고 훈련이 잘 안 된 상태라 몇 마디 대화로 끝나기도 했다. 게다가 아이는 대답이 그저 "응, 그래요", "그냥" 혹은 "아니요"가 전부여서 도무지 아이 마음을 제대로 읽어주고 있는지도 알 수가 없었다.

그렇게 한 달 정도의 기간이 지난 어느 토요일의 일이다. 토요일은 아이가 좋아하는 게임을 좀 오랫동안 할 수 있도록 약속된 날이라, 아이가 거실에서 게임기를 TV에 연결하고 놀고 있었다. 그때 동생 건주가 싱싱카를 타고 다니면서 놀다가 게임기의 전선을 빼버리는 바람에 하던 게임이 중단되었다. 큰아이는 동생에게 화를 내곤 제 방으로 들어가버렸고, 나는 얼른 아이를 따라 들어갔다. 아이는 침대 속에 들어가 이불을 덮고는 누워 있었다. 전 같았으면 "어린 동생이 놀다가 한 것 같고 뭘 그러니? 그렇다고 누워 있기까지 하는 거야?" 하면서 나무랐을 것이다. 하지만 아이의 속상해하는 마음을 읽어주어야겠다고 생각했다.

"기주야. 게임을 못 하게 돼서 화나지?"

기주는 이불을 뒤집어 쓴 채 "응" 하고 짧게 대답했다.

"그래, 그래서 속상하겠구나."

"응, 그래요."

"그래서 누워 있고 싶은 거니?"

"그냥 이렇게 좀 누워 있을게요."

"그래 알았다. 마음이 좀 풀릴 때까지 누워 있어."

대화는 이것으로 끝이었고, 아이는 이불을 덮어쓴 채로 잘 자지 않던 낮잠을 잤다. 그사이 남편이 퇴근했고, 나는 시장에 다녀왔는데, 들어와 보니 기주는 일어나서 다시 게임을 하고 있었다.

저녁식사 후 아이는 장식용 미니 우체통에 편지를 꼭꼭 접어 넣고는 "엄마 나중에 보세요" 하며 제 방을 들어갔다. 궁금한 마음에 펴보았더니 낮에 있었던 일에 대해 쓴 것이었다. 자신이 왜 짜증이 났었는지를 삐죽삐죽 쓰인 글씨로 설명하고는 마지막에, "엄마, 제 침대에 와서 위로의 말씀을 해주셔서 정말 고맙습니다. 사랑해요"라고 씌어 있었다. 나는 눈물이 핑 돌았다. 단지 그 몇 마디가 고맙다니! 아이가 나의 노력을 알아주어서 정말 기뻤다.

그후로 나는 기쁨도 실패도 경험하면서 아이와의 관계개선을 위해 노력했고, 지금은 P.E.T. II 과정에 참가하고 있다.

그러나 아직도 우리 아이는 자신감이 부족하고, 대답은 짧으며, 예정에 없는 일은 잘 안 하려고 한다. 또 낯선 곳에 가서는 안절부절못하고 집에 가겠다고 고집을 부리고 집을 떠나면 잠도 잘 못 잔다.

우리 식구가 기차여행을 떠났던 최근에 있었던 일이다. 우리들은 일찌감치 집을 나섰지만 출발시각을 정확하게 확인 안 한 탓에 서울역의 개찰구에서 기차를 놓치고 말았다. 너무나 실망한 채 집에 왔다가 아이들을 달래어 목적지를 바꿔 내장산으로 승용차를 타고 출발했다. 그때까지도 아이는 마음이 안 풀렸는지 내장산은 싫고 지리산이 꼭 보고 싶었다며 투덜댔다. 덩달아 작은아이도 기차를 타고 싶다고 투덜거렸는데, 가는 동안 아이들의 기분은 다시 좋아졌다. 일찍 출발한 덕에 길은 별로 밀리지 않았고 도착까지는 문제가 없었다. 그런데 도착지에는 너무나 많은 사람들과 차들로 북새통을 이루고 있어서 주차하는 데 한 시간이나 걸렸다. 큰아이는 짜증이 나서 그냥 집에 가자고 하고, 작은아이는 빨리 차 세우고 산에 올라가자고 야단이고 나는 인내심이 바닥날 지경이어서 겨우겨우 참으며 묵비권을 행사했다.

비가 올 듯한 날씨 때문에 두 시간 정도만 산행을 하고 내려왔다. 그리고 근처에 사시는 이모님 댁에 가고 싶어서 내려오는 길에 아이에게 미리 일러두었다. 아이들이 마음의 준비를 하도록 돕고 싶었기 때문이다.

"이모할머니 댁에서 오늘 밤 자고 갈지도 몰라. 아빠도 운전하시느라 힘드셨을 테니 쉬어가는 게 좋을 거 같구나."

처음 찾아가는 이모님 댁인지라 거의 밤이 되어서 도착했다. 사람 좋아하시는 이모부는 남편과 이 얘기 저 얘기를 나누면서 술을 권하셨다. 게다가 밖은 이미 너무 어둡고 비까지 내려서 어쨌든 자고 가야 할 상황이었다.

그래서 "오늘 밤 여기서 자고 가자"라고 했더니 대뜸 큰아이는 입을 내밀며 뾰로통해져서는 "엄마, 그냥 집에 가면 안 돼?"라고 했다. 나는 화를 참지 못하고 "도대체 이 밤중에 집에 꼭 가야 하는 이유가 뭐니?" 하고 아이를 비난하고 말았다.

"그냥, 집에 가서 자면 안 돼?"

아이 목소리가 한 풀 꺾였다.

나는 피곤한 데다 엄마 아빠의 입장을 이해 못 하는 아이에 대한 서운함 때문에 화를 참지 못하고 그만 실수를 해버렸다. 아이의 흉을 이모님 앞에서 떠벌린 것이다.

"저 앤 왜 저러는지 몰라요. 어디 갈 땐 빨리 출발하자고 난리, 도착하면 집에 빨리 가자고 난리라니까요."

하지만 잠시 후, 나는 나의 잘못을 깨달았다. '엄마가 아이를 이해하지 못하면 어쩐단 말인가!' 하는 생각이 들자 아이가 측은하고 아이에게 미안한 마음이 들었다. 나는 심호흡을 하고 애써 부드러운 표정을 지으며 아이에게 다가갔다.

"기주야. 처음 온 이모할머니 댁이라 낯설지?"

"응."

아이는 짧게 대답하며 고개를 끄덕였다.

"낯선 곳에서 자려니까 힘들지?"

"그래요."

"그래. 그것도 모르고 엄마 아빠가 자고 가자고 했구나. 그런데 오랜만에 이모할머니랑 이모할아버지를 뵈니까 어떤 분들인 것 같니? 좋은 분들 같지?"

"응. 그래요."

"엄마한테 이모할머니는 외할머니랑 똑같이 가까운 분이야. 엄마가 어렸을 때 이모할머니가 업어서 키워주셨거든. 널 외할머니가 키워주셨듯이. 그래서 엄마는 여기 오니까 참 좋아. 엄마도 결혼하고 처음 온 거라서 자고 가고 싶어."

"……."

"그리고 아빠가 술을 좀 드셨거든. 그래서 엄마가 이 빗속에 운전하고 집에 가야 하는데 엄마는 길도 잘 모르고 운전도 서툴러서 안전운전을 할 수 있을까 걱정이야. 기주야, 어떡하면 좋겠니?"

"그럼 자고 가요."

"네가 그렇게 말해주니까 엄마 맘이 편안해졌어. 맘이 푹 놓이는구나."

"근데, 낯선 곳에서는 잠이 잘 안 와요."

"그래, 네가 낯선 곳에서 잠을 잘 못 자는 거 알아. 그런데도 참고 자겠다고 해서 엄만 정말 고마워. 우리 네 식구가 같이 자면 잠이 잘 올 것 같지 않아?"

말이 끝나자 아이의 표정이 밝아졌고, 내 마음도 편해져서 기뻤다. 다행히도 아이는 집에서처럼 잠을 잘 잤고, 다음 날도 집에 올 때까지 큰 불평 없이 즐겁게 여행을 마칠 수 있었다.

지금도 아이는 가끔 이모할머니 댁에서 자신이 잠을 아주 잘 잤다고 말한다. 그럴 때마다 나는 힘든 것도 잘 참아줘서 정말 고마웠으며, 기주가 자랑스럽다고 말한다. 진심을 다해서.

이제는 지금까지와 다른 눈으로 아이들을 보게 된다. 그리고 아이들에게서 나의 모습을 발견하게 된다. 그런데 이상한 점은 내 아이들이 나의 좋은 점보다 닮지 않았으면 하는 싫은 부분들을 꼭 닮아 있다는 것이다. 아이가 자기자신의 감정표현을 잘 못 하거나 안 하는 것은 바로 나 자신의 그렇게 살아온 모습이었다. 내가 나의 싫은 부분도 사랑하고 감싸 안아야 하는 이유가 바로 내 아이들에게 있음을 알았다.

P.E.T.에서 가장 마음에 드는 부분은 엄마가 자기자신을 있는 그대

로 인정하고 자신의 감정도 소중히 하라는 것이다. 지금도 여전히 아이들은 서로 싸우기도 하고 내 감정을 상하게 하는 일도 있지만 한번 생각할 여유가 생겼다는 건 큰 발전이다. 내 문제가 아닐 경우에는 내 감정을 쓸데없이 낭비하지 않으려고 노력하고, 내가 견디지 못할 만한 상황이면 "엄마 힘들어"라고 솔직하게 말한다.

요즘 점점 더 성격이 밝아지고, 엄마에게 말도 많이 하고 있는 아이를 보면서 희망을 느낀다. 엄마가 믿는 만큼 아이가 성장한다는 진리를 체험하면서 행복을 맛보고 있는 중이다. 아직은 만족스런 엄마가 아니지만 조금씩 노력하고 있다.

나의 아이들에게 내 사랑을 알려줄 수 있는 구체적인 방법들을 알게 해준 P.E.T.에 감사하고, 언제나 나를 사랑해주는 나의 아이들에게도 사랑을 보낸다.

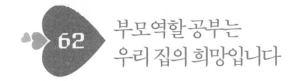

62 부모역할 공부는 우리 집의 희망입니다

●우리 엄마는 내가 속상해하면 등을 쓰다듬으면서 안아줘요

초등학교 2학년생 딸과 세 살 된 아들을 둔 41세 주부다. 40평 아파트에서 시부모, 시동생 부부와 아들 둘, 우리부부와 딸, 아들 그리고 가끔씩 오는 미혼인 시동생 이렇게 열한 명이 3년째 살고 있다.

남편의 사업실패와 실직 상태가 2년 동안 지속되고 있을 때 둘째가 태어났다. 딸은 샘이 많고 예쁜 것을 좋아하는 아이로, 딸이 귀한 우리 집안에선 어릴 때부터 귀하게 자라왔다. 어릴 땐 밝고, 명랑하고, 다른 사람을 배려할 줄 아는 이해심 많은 아이였다.

그런데 대가족으로 모여 살면서 생기는 스트레스에 난 너무도 힘이 들어 그저 만만한 딸에게 폭력과 폭언을 했고, 어느 날엔 딸에게 매를 들기도 했다. 그런데 한번은 딸이 무표정으로 "이젠 아프지도 않아"라고 말했다. 게다가 사촌동생과 문제가 생기자 심하게 괴성을 지르며 문을 발로 차는 등의 폭력적인 행동을 했다. 나는 심한 충격을 받고 정신과 상담을 받았는데, 아이는 심한 우울 증세로 스트레스가 원인이었다. 딸아이는 음악치료를 병행했는데, 두 달 정도 지나자 조금은 좋아졌지만 그새 말수가 줄어들었고 친구들과 싸우는 일이 잦아졌다.

나는 맘이 아팠다. 어떻게든 예전처럼 딸의 밝은 모습을 보고 싶었다. 어떻게 하면 좋을까를 고민하며 참으로 많은 종류의 책을 읽었다. 좋은 부모가 되기 위해 필요하다고 했던 책들. 이해도 했고 충분히 알수 있을 것이라 생각했지만 어떤 문제 행동에 마주하게 되면 더이상 내가 알던 지식과 이성은 찾을 수가 없었고 그로 인해 많이 힘들었다.

그러던 중 친구의 소개로 P.E.T.를 알게 되었다. 충격이었다. 이제까지 내가 딸을 얼마나 불행하게 했는지를 깨달았고, 마음의 문에 빗장을 채우고 힘들게 지내왔을 딸을 생각하자 눈물이 마르지 않았다.

처음 P.E.T. 수업을 받던 날을 잊을 수가 없다. 네모난 창에 수용선을 만들고 수용해줘야 할 것과 수용하지 말아야 할 것을 나누고 자녀의 감정은 물론 내 감정도 생각해줘야 한다는 것이었다. 생각해보니 난 내 감정을 남에게 얘기해본 적이 별로 없었다. 언제나 기분이 나쁘면 화를 내거나 아예 말을 하지 않았기 때문에 남편조차도 내 마음을 알아주지 못했다. 첫 수업이 너무 감동적이라 앞으로의 수업도 정말 기대가 되었다.

맨처음 했던 일이 딸의 마음 읽어주기를 위한 반영적 경청의 실험이었다. 숙제를 해야 하는 상황인데 동생이랑 사촌들이 뛰어다니는 통에 딸아이는 숙제를 하는 게 힘든 듯 시간이 늦어지고 있었다. 몇 번을 빨리하라고 말했는데 나도 서서히 화가 나기 시작해 결국엔, 화를 냈다. 그랬더니 딸은 아무 말 없이 울고만 있었다. 그 모습을 보자 이게 아닌데 하는 생각이 들었고, 며칠 배우진 않았지만 반영적 경청을 해보기로 했다. 나는 일단 맘을 진정시킨 후 딸아이를 안아주려고 말했다.

"혜림아, 이리 와봐."

처음엔 싫다고 했지만 내가 부드러운 표정으로 바라보자 못 이기는 척 내 앞으로 와서 안겼다. 난 등을 쓰다듬으며 말했다.

"엄마가 소리 지르고 화내서 놀랐지?"

딸은 어깨를 들썩이며 서럽게 한참을 울었다. 나도 울었다. 이렇게 비슷한 상황이 생길 때마다 계속 서럽게 울었다.

그 이후에 딸이 나를 대하는 태도가 조금 달라졌는데 전보다는 훨씬 친근해진 느낌이었다.

가족들과 안면도 여행을 갔다. 잘 놀고 돌아오는 길에 도로가 너무 막혔다. 내가 운전을 했고 앞자리 보조석에 딸이 앉았고 뒤에 남편이랑 아들이 앉았다. 애들은 심심해지기 시작했고 딸은 뒤를 돌아보며 동생과 장난을 치기 시작했다. 장난이 점점 심해지자 운전하는 데 신경이 쓰이고 위험해 보였다. 나는 아주 차분한 태도로 마음을 담아 말했다.

"혜림아, 혜준아. 너희가 차 안에서 장난을 치니까 엄마가 운전하는 데 신경이 쓰이네."

딸은 아무 말 없이 돌아앉아 창밖을 보고 있었다. 그때 문자 정보판에 사고가 있어서 막힌다는 정보를 보고 "혜림아, 이렇게 막히는 게

터널 쪽에서 사고가 있어서 그렇다네"라고 말하자 딸은 기다렸다는 듯이 "어디서 사고가 났대?"라고 되물었다. 예전처럼 꾸중을 했다면 대꾸하지도 않았을 딸이었는데.

프랑스에서 친구가 온 날 나는 그날 하루를 친구들과 보내기 위해 대학로로 나갔고 애들은 남편이랑 지냈다. 재밌게 보내고 온 내게 딸은 "엄마, 친구들 만나니까 좋았어?"라고 물었고, 난 그날 있었던 일을 자세히 설명해주었다.

이후에도 며칠 동안 의식적으로 그날 그날 있었던 일들을 '개방적인 나 전달법'으로 얘기했다. 집에서 동생이랑 어떻게 보냈는지 뭘 먹었는지 등등을.

저녁을 먹고 잠잘 준비를 하고 있는데 딸이 "엄마, 오늘 학교에서 어떤 일이 있었는지 얘기해줄까?"라고 말을 걸었다. 난 정말 궁금한 표정으로 돌아보며 "어 정말 궁금해"라고 하자 친구 석현이가 얼마나 재밌는 친군지, 그 친구 흉내를 내며 열심히 설명해주었다. 학교에서 일어난 모든 일을 얘기한 건 아니지만, 그렇게 신나게 얘기해준 건 처음 있는 일이어서 난 정말 행복했다. 그 이후에도 그 친구 얘기와 다른 친구 얘기도 가끔씩 해주었다. 나는 너무 궁금해하며 아이 눈을 맞추며 경청했다.

아들은 어려서인지 장난이 심하다. 옷장에 숨기놀이가 재미있는지 하루에 몇 번씩 들어가 숨곤 하였다. 언젠가 옷장에 들어가더니 잠시 후에 소리를 지르며 울었다. 놀라서 가보니 안에서 문이 열리지 않아 놀랐던 것이다. 문을 열고 우는 아들을 꼭 안고 등을 쓰다듬며 "무서웠어? 무서웠구나"를 몇 번 하자 아들은 "응, 응" 하더니 일어나서 아무 일 없었다는 듯 방을 나갔다. 참 신기하였다. 반영적 경청은 감정 정화에 효과가 크다는 것을 체험할 수 있는 기회였다.

시어른들과 막내 시동생 가족, 우리 가족, 결혼 안 한 둘째 시동생 까지 1박 2일로 여행을 갔다. 둘째 날, 수목원을 갔는데 수목원에 도착하자 날씨가 쌀쌀해서 어른들은 자판기 커피를 마셨고, 혜림이와 사촌동생 석준이(7살)이는 율무차와 캔으로 된 초코음료를 샀다. 막내시동생과 사촌동생 둘, 동서는 먼저 올라가고 있었고, 나머지는 얘기하며, 사진 찍으며 가느라 30분 정도 늦게 갔고 중간쯤에서 만났다. 사촌애들은 동서를 가운데 두고 서로 울면서 떼를 쓰고 있었다. 벌써 20분째 그러고 있다고 했다. 동서는 큰애를 나무 쪽으로 데려가 뭔가를 말했고 큰아인 그래도 성이 풀리지 않는지 동생이 밉다고 엄마를 붙잡고 울고 있었다. 조금 전 큰애에게 사준 캔음료는 작은애가 갖고 있었다. 난 큰애에게 다가가 등을 쓰다듬으며 위로해주었다.

"석준아, 속상하지. 큰엄마가 사준 건데 동생이 가져가서. 많이 속상하겠다. 우리 석준인 대견해. 동생 거 다시 빼앗지도 않고. 혜림이 누나랑 전망대까지 갈래?"라고 하자 언제 울었냐는 듯 성큼성큼 뛰어서 단숨에 올라갔다. 그 이후엔 그 문제로 울거나 싸우지 않았다. 동서는 신기한 듯 나를 보며 웃었다.

딸이랑 둘이서 시이모님 댁에 갔다. 시이모님의 딸이 수능시험을 봐서 엿을 사주고 돌아오는 길이었다. 딸이 공부로 짜증을 내서 일주일째 공부를 시키지 않고 있었다. 그런데 돌아오는 차 안에서 갑자기 딸아이가 공부하게 책을 사달라고 하는 게 아닌가.

"엄마, 내가 하루에 몇 장씩 정해서 할게, 열심히 해볼게"라며 손가

락까지 걸어 보였다. 난 잊지 않고 "혜림아, 그렇게 말해줘서 엄만 참 행복해"라고 했고, 딸은 그때부터 학교에서 있었던 일, 문제집을 사면 어떻게 하겠다는 둥 돌아오는 30분 동안 쉬지 않고 떠들었다. 우린 서점에 들러서 공부에 필요한 책을 샀다. 혜림인 자기가 읽고 싶은 만화책도 사고 싶다고 했는데 난 흔쾌히 사주었다. 집에 와서 책을 놓고 며칠 후에 있을 시험에 대비해서 어떻게 해야 할지 의논했고 하루에 몇 페이지씩 하고 힘들 땐 쉬고, 토요일, 일요일에는 조금 더 열심히 하겠다고 했다. 잘 지켜질진 모르겠지만 믿어봐야겠다. 나는 무척 기뻤다.

그 이후 며칠 동안 아이는 정말 열심히 공부했다. 어떤 날은 열 시까지, 시험 전날은 열한 시까지. 물론 짜증도 내지 않았고 힘들어하는 모습이 보여서 "힘들면 자"라고 하자, "힘들지만 참을 수 있어, 내일이면 시험이니까 잘 보고 싶어"라고 말해 맘이 흐뭇했다.

난 시험성적에 상관없이 열심히 한 상으로 아이가 원하는 옷을 사주려고 한다. 지금까지 아이가 원하는 스타일의 옷을 별로 사준 적이 없었던 게 마음에 걸렸다.

P.E.T.는 내게 문제가 생길 때마다 어떤 말과 어떤 표정과 어떤 행동으로 아이를 대해야 하는지를 알려주었다. 진짜로 중요한 것이 무엇인지를 아주 조금씩 배워가고 있다. 처음엔 아이를 쳐다보며 '반영적 경청'을 할 때 쑥스러워 선생님 얼굴을 떠올리며 말투나 표정을 따라하곤 했다.

너무도 많이 밝아진 딸의 얼굴을 보며 난 하루에도 몇 번씩 P.E.T.를 하길 잘했다고 생각했다. 지금 딸은 세상에서 엄마가 제일 좋다고 한다. 다른 엄마들에게 "우리 엄마는 내가 속상하면 등을 쓰다듬으면서 안아줘요"라고 자랑해서 엄마들이 "넌 좋겠다"라고 맞장구를 쳐주기도 했단다.

요즘도 가끔씩 보이는 딸의 무표정이나 불안한 표정도 나의 노력에 의해 바뀔 수 있다는 걸 아니까 내가 보는 세상도 조금씩 밝아 보인다. 누군가가 P.E.T.는 희망이라고 했다. 나에게도 희망이며 나의 삶을 지탱해주는 기둥이 아닌가 싶다.